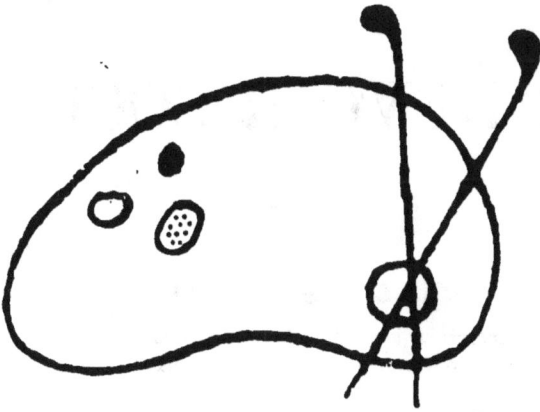

Début d'une série de documents
en couleur

L'ORGANISATION

DE

LA LIBERTÉ

ET

LE DEVOIR SOCIAL

PAR

ADOLPHE PRINS

Inspecteur général au Ministère de la Justice
Professeur à l'Université de Bruxelles

BRUXELLES
LIBRAIRIE EUROPÉENNE C. MUQUARDT
TH. FALK ET Cⁱᵉ, ÉDITEURS
18-20-22, RUE DES PAROISSIENS

PARIS
LIBRAIRIE GERMER-BAILLIÈRE ET Cⁱᵉ
FÉLIX ALCAN. ÉDITEUR
108, BOULEVARD SAINT-GERMAIN

1895

Principales publications du même auteur.

——

Instruction criminelle. Reforme de l'instruction préparatoire en Belgique (en collaboration avec H. Pergameni). Bruxelles, 1871. Épuisé.

Des droits de souveraineté de l'État sur l'Église en Belgique. Étude de droit public. In-8°, 1874.

De l'appel dans l'organisation judiciaire répressive. Étude historique et critique. Bruxelles, 1875.

Le jury moderne et l'organisation judiciaire. In-8°, 1877.

Résumé du cours de droit pénal. Bruxelles, 1878.

Étude comparative sur la procédure pénale à Londres et en Belgique. Rapport à M. le ministre de la justice. In-8°, 1879.

Essai sur la criminalité, d'après la science moderne. In-8°, 1880.

La philosophie du droit et l'école historique. In-8°, 1882.

De l'amélioration de la justice criminelle. Bruxelles, 1885.

La crise nationale. Bruxelles, 1886.

La démocratie et le régime parlementaire. 2e édition, avec une préface d'Émile de Laveleye. Bruxelles, 1886. (Épuisé.)

Criminalité et répression. Essai de science pénale. Bruxelles, 1886 (Épuisé.)

La loi sur la libération conditionnelle et les condamnations conditionnelles. Bruxelles, 1888.

La criminalité et l'état social. Bruxelles, 1890.

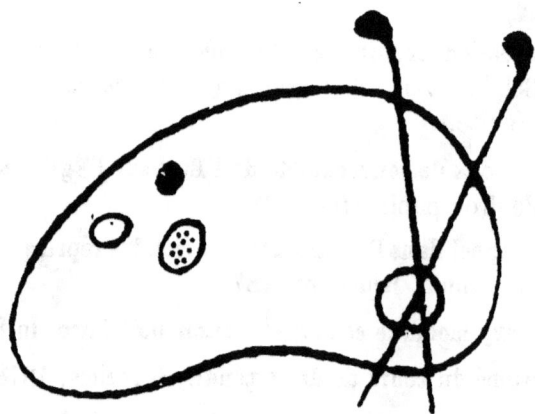

Fin d'une série de documents
en couleur

L'ORGANISATION DE LA LIBERTÉ

ET

LE DEVOIR SOCIAL

BRUXELLES
P. WEISSENBRUCH, IMP. DU ROI
46, RUE DU POINÇON

L'ORGANISATION

DE

LA LIBERTÉ

ET

LE DEVOIR SOCIAL

PAR

ADOLPHE PRINS

Inspecteur général au Ministère de la Justice
Professeur à l'Université de Bruxelles

BRUXELLES

LIBRAIRIE EUROPÉENNE C. MUQUARDT

TH. FALK ET Cⁱᵉ, ÉDITEURS

18-20-22, RUE DES PAROISSIENS

PARIS

LIBRAIRIE GERMER-BAILLIÈRE ET Cⁱᵉ

FÉLIX ALCAN, ÉDITEUR

108, BOULEVARD SAINT-GERMAIN

1895

TABLE DES MATIÈRES

CHAPITRE PREMIER.

L'inégalité et le progrès organique.

---

§ 1. L'inégalité est une condition du progrès. La théorie du progrès organique. Le progrès se réalise dès que l'homme a une réserve disponible pour son développement futur. C'est la forme du progrès aux âges primitifs. — § 2. C'est également la forme du progrès dans le monde moderne. Les faits économiques. — § 3. Le progrès matériel ne peut se concevoir sans un progrès moral corrélatif.

§ 1.

Le jeune homme plein d'espoir et d'illusions qui, dans la nuit d'été, élève son âme vers les cieux parsemés d'étoiles, s'imagine qu'il est le premier qui, dans cette solitude sans bornes, ait forgé des rêves d'avenir. Et perdu dans la poussière d'or de ses songes, il ignore qu'avant lui, devant les mêmes étoiles, des milliers et des milliers d'êtres humains ont déjà désiré, lutté et souffert.

Ainsi, à chaque siècle, sur un point quelconque de l'univers, l'humanité refait les mêmes projets de bonheur, construit les mêmes plans d'une cité idéale et oublie les générations passées qui ont consacré leur existence à poursuivre les immortelles chimères sans jamais les atteindre.

Parmi ceux qui conçoivent aujourd'hui des projets de réorganisation sociale, beaucoup semblent croire que jamais encore le monde n'en avait vu éclore de semblables, et ignorent que toutes les conceptions destinées à enfanter un avenir meilleur ont eu dans le passé de nombreux disciples et de fervents défenseurs. L'Orient a réalisé le socialisme religieux avec les Esséniens. La Grèce a connu le socialisme d'imagination de Platon. Rome a eu le socialisme révolutionnaire de Tiberius Gracchus et le socialisme d'État de Caïus Gracchus, sans compter les théories anarchiques de Catilina.

Au moyen âge, l'Église a vu se dresser le socialisme mystique de l'Évangile éternel et des Fraticelli, tandis que sur les campagnes passaient les Jacqueries de France, d'Allemagne et d'Angleterre.

La Renaissance, à son tour, avec les utopies de Thomas Morus et de Campanella, n'échappe pas à la conception d'un État social de l'avenir.

En France, pendant le xviii⁰ siècle, au socialisme idéaliste de Morelly, de l'abbé de Mably, de Linguet, succèdent les tendances qui se font jour pendant la Révolution française.

Et enfin, notre siècle a débuté par le socialisme optimiste des philanthropes, tels que Saint-Simon et Fourrier, Owen et Fichte, pour finir par le socialisme pessimiste qui surgit dans les revendications ouvrières de 1848 et se développe au milieu des agitations de l'heure présente (¹).

(¹) QUACK, dans son grand ouvrage: *De Socialisten*, 4 vol., Amsterdam, 1885, donne toute l'histoire des idées socialistes.

Le socialisme pessimiste n'est d'ailleurs que la re-production du socialisme de la période révolutionnaire.

La classe moyenne voulait une révolution politique: elle avait pour idéal les droits politiques; pour méthode, la métaphysique; pour point de départ, l'individualisme. Et par la déclaration du 27 août 1789, la Constituante se bornait à donner aux hommes l'égalité théorique de droit.

Mais la multitude insurgée contre la classe moyenne voulait une révolution sociale et réclamait l'égalité de fait. Appuyée sur la Commune de Paris, elle fit ce mouvement qui commence à poindre en octobre 1791, s'affirme le 10 août 1792, et s'achève le 31 mai 1793, sous le règne de la Terreur. Sous l'inspiration de Marat, de l'abbé Fauchet, des hébertistes et des sections, elle compte sur l'État pour réaliser le bonheur du genre humain. La France doit nourrir Paris et Paris assurer l'existence du prolétaire aux dépens des riches.

On défend d'exporter; on fixe le prix du blé; on institue des ateliers nationaux avec payement à chaque ouvrier d'un salaire de 20 sous par jour; on émet des milliards d'assignats; on refoule la richesse, qui se cache, et on accroît la misère des villes. Enfin, on résume toutes les aspirations et toutes les revendications des masses dans l'article 1er de la Constitution de 1793 : « Le but de la société est le bonheur commun. » Ce qui veut dire que tout être vivant a sur l'État une créance de bonheur.

C'est la doctrine que professe encore l'école socialiste révolutionnaire et, comme l'a montré M. Gustave

Lebon ([1]), elle descend de plus en plus dans l'âme des foules, se répand partout et crée dans les masses une sorte de manière générale de penser.

Ainsi l'humanité marche en avant, mais l'histoire avec son rhytme éternel d'action et de réaction se répète toujours, semblable au flot qui avance et recule pendant que la marée monte.

Goethe a dit : « La lutte des choses anciennes, de ce qui subsiste, contre le développement et la transformation, est toujours la même. »

Et Saint-Simon écrit : « On examine s'il vaut mieux pour l'action d'une pompe de hausser ou de baisser le piston. C'est une idée extravagante. Quand le piston se trouve dans la partie supérieure du corps de pompe, il faut le baisser. Quand il est dans la partie inférieure, il faut l'élever. C'est ce mouvement alternatif de haut en bas qui entretient l'action de la pompe ([2]). »

Notre civilisation est bien longue déjà avec ses vingt siècles d'existence, et bien complexe, puisqu'elle résume tous les problèmes qui ont agité les hommes. Et si nous ne sommes pas à l'une de ces périodes de cohésion où l'idéal social accepté par tous domine les volontés, si nous nous trouvons dans une période d'analyse où l'idéal ancien est affaibli, où l'idéal nouveau n'a pas encore sa forme définitive et où l'esprit de doute et de négation l'emporte sur la force créatrice, ce siècle est assurément une étape importante et décisive. Sous le nom de socialisme et d'individualisme, d'autorité et de liberté, d'altruisme et

([1]) *Lois psychologiques de l'évolution des peuples.* Paris, 1894.
([2]) SAINT-SIMON, *OEuvres choisies*, p. 76 et 77.

d'égoïsme, de centralisation, de décentralisation, nous voyons en présence les forces latentes de l'humanité; nous découvrons cette trame résistante sur laquelle des hommes répandent, sans se lasser jamais, les broderies de l'idéal. Mais, il ne faut pas l'oublier, sous les modalités changeantes de la société, il y a des assises que l'on ne modifie pas, des éléments irréductibles qui subsistent ou se redressent toujours après avoir cédé. Et parmi ces éléments qui constituent le fond éternel de la société, je pense que l'un des plus irréductibles, c'est l'inégalité des hommes.

On peut entamer sur la théorie de l'égalité des discussions sans fin, concevoir avec Fouillée l'égalité comme un idéal de pensée, admettre avec lui que les hommes naissent pour être égaux; il n'en reste pas moins incontestable qu'en fait ils ne sont pas égaux. Leurs facultés physiques, intellectuelles et morales diffèrent. Il y a toujours à un moment quelconque de l'histoire et dans une couche quelconque de l'humanité des êtres supérieurs, des êtres moyens et des êtres inférieurs. Et de même que leurs aptitudes sont inégales, leur développement sera inégal. On doit agir de telle sorte que les inégalités, au lieu de se heurter avec violence, se combinent et s'harmonisent. On ne saurait les faire disparaître. Elles sont la loi et la condition du développement individuel et social dans l'univers, et elles s'accentuent à mesure que la liberté augmente. S'il est un fait indéniable, c'est que l'égalité ne peut être maintenue que par la contrainte. L'autorité, à certains moments, en abaissant les supérieurs, obtient un nivellement factice, mais il arrive toujours une heure où les supériorités conscientes de leur force se redressent.

Et non seulement l'égalité parfaite ne se comprend pas, mais, si elle était réalisée, elle serait une cause d'irrémédiable faiblesse. On la trouve peut-être dans le monde inorganique ; on en voit peut-être aussi l'image dans ces huîtres, dont parle Proudhon, attachées côte à côte, immobiles, toutes pareilles, à leur banc. Mais à mesure que l'on s'élève dans l'échelle des êtres, la hiérarchie s'accroît et, dans l'homme lui-même, l'action régulatrice exercée par les centres nerveux supérieurs sur les centres inférieurs et les mouvements instinctifs est essentielle.

L'inégalité n'est pas condamnable en elle-même. Ce qu'il faut condamner, c'est une inégalité factice fondée sur une classification fausse et arbitraire. C'est ensuite une inégalité abusive, mettant aux mains de quelques-uns une puissance trop grande pour être exercée avec utilité.

Un excès de fortune est un mal. La fortune implique des devoirs corrélatifs et, au delà d'un certain revenu, ces devoirs ne peuvent être remplis. Les milliardaires sont dans l'impossibilité de profiter de leurs richesses ou d'en faire profiter les autres. Ils représentent dans notre société le danger que représentaient à Rome les *latifundia* ; ils créent une inégalité funeste parce qu'elle est conventionnelle et ne répond plus à aucun devoir social.

Mais il y a une inégalité naturelle. Il est certain qu'il y a des supériorités sociales véritables, qu'à ces supériorités correspond un accroissement de droits et de devoirs, que les êtres vraiment supérieurs et mis à même d'exercer leur supériorité sont utiles à l'humanité, que le rôle et l'ambition légitime des êtres inférieurs doit être de chercher à s'élever sur l'échelle sociale et d'acquérir ainsi à leur tour plus de droits, plus de devoirs, plus d'utilité. Et cette inégalité-là est la grande force motrice de la civilisation.

Jamais, en admettant que par miracle l'égalité absolue eût pu être imposée aux hommes, ils ne seraient sortis de la barbarie.

S'il y a eu dans le monde l'épanouissement de l'héroïsme et de la charité aussi bien que des sciences, des arts et des lettres; s'il y a eu des génies, des apôtres, des inventeurs; si Robert de Luzarches a inspiré la cathédrale d'Amiens; si les cendres de Shakespeare, de Newton, de Darwin reposent dans l'inexprimable majesté de l'abbaye de Westminster; si la blanche statue de Laurent le Magnifique se dresse à Florence sur le tombeau élevé par Michel-Ange à la gloire des Médicis; si Gœthe a rayonné à Weimar, Mozart à Vienne, Mirabeau à Versailles, Wagner à Bayreuth; si un artisan, Arkright, a transformé l'industrie anglaise; si Lincoln est devenu président de la république des États-Unis; si Broadhurst est devenu sous-secrétaire d'État dans le ministère Gladstone de 1880, c'est parce qu'il y a toujours eu des variétés de conditions et d'aptitudes auxquelles on a laissé un libre essor.

Jamais, sans l'inégalité, on n'aurait produit l'ensemble des biens qu'on appelle civilisation et dont, avec raison, les ouvriers réclament leur part. Et l'on peut affirmer que l'inégalité est une des conditions du progrès.

L'idée du progrès a une influence énorme sur la marche de l'esprit humain, et deux écoles sont ici en présence.

La première est l'école du droit de nature.

La doctrine du droit de nature consiste à tout ramener à un état de nature parfait qui aurait existé à l'origine, et fait régner la liberté et l'égalité; c'est-à-dire qu'au lieu de transporter l'idéal dans l'avenir, on le réalise dans le passé.

Les philosophes grecs, les juristes romains, les théologiens du moyen âge, les penseurs du xviiie siècle, Rousseau en tête, tous ont admis l'excellence de la loi naturelle. A l'origine, régnait l'âge d'or. Les hommes libres et égaux menaient une vie parfaite; elle était soumise aux lois de la nature, qui se confondaient avec les lois de la raison et les préceptes de la vertu. Le droit de nature ainsi entendu était devenu un dogme indiscutable que Rousseau formule au début de l'*Émile* en ces termes : « Tout est bien sortant des mains de l'Auteur des choses, tout dégénère entre les mains de l'homme. »

Or, cette conception est fausse : l'étude du passé ne nous révèle pas un âge d'or. La caractéristique des temps primitifs, ce n'est pas l'égalité, la liberté et la vertu, mais l'oppression du faible par le fort et la lutte des égoïsmes. L'état de nature, c'est l'état de guerre et le triomphe de la force, de la ruse et de la terreur. Les hommes alors sont comme les décrit Lucrèce : « Incapables de s'occuper du bien commun, ignorants

dans leurs rapports des règles morales, s'emparant du
butin offert par le hasard, chacun vivant et se conservant pour soi. »

Cette conception est, en outre, dangereuse, car en
disant aux hommes : La perfection a existé; vous
pouvez y retourner; vous pouvez reconstituer un
monde où, comme jadis, régneront l'égalité, la liberté,
la raison et la vertu, on éveille en eux une idée de
progrès à laquelle manque le sens de la vie, de la continuité, de la tradition, on les rend impatients des
changements brusques, dédaigneux des réformes
lentes et successives, et on les pousse à tout détruire
pour retrouver sous les décombres de l'édifice social
le paradis qui leur échappe toujours. Et l'on arrive à
donner pour idéal à l'ouvrier non de participer à la
civilisation existante, et par conséquent de la maintenir et de la développer, mais de la détruire pour le
plaisir de l'arracher à ceux qui en jouissent.

A cette notion purement intellectuelle du progrès
s'oppose une autre notion : celle du progrès organique
fondée sur les lois de l'histoire, sur la filiation des générations, des hommes et des choses; sur l'enchaînement, en vertu duquel l'ensemble du présent dépend
de l'ensemble du passé et prépare l'ensemble de
l'avenir.

La théorie du progrès organique n'est pas neuve.

Déjà, en 1750, Turgot l'indique dans son deuxième
discours sur les progrès successifs de l'esprit humain ([1]). « Tous les âges, dit-il, sont enchaînés par

([1]) *Discours sur les progrès successifs de l'esprit humain*, 1750.
Paris, 1808, p. 52.

une suite de causes et d'effets qui lient l'état du monde
à tous ceux qui l'ont précédé... Toutes les connais-
sances particulières forment un trésor commun qu'une
génération transmet à l'autre, ainsi qu'un héritage
toujours augmenté des découvertes de chaque siècle,
et le genre humain considéré depuis son origine
paraît aux yeux du philosophe un tout immense qui
lui-même a, comme chaque individu, son enfance et
ses progrès. »

Kant, dans son opuscule : *L'idée d'une histoire universelle au point de vue de l'humanité* (1784), admet
que des lois constantes qu'il nomme dessein de la
nature régissent le développement du genre humain.
D'après lui, les générations antérieures travaillent
pour l'avantage des générations ultérieures; nous
sommes reliés à l'avenir et tous les membres de la
famille humaine sont solidaires.

Condorcet, à son tour, dans le *Tableau des progrès
de l'esprit humain*, montre la civilisation assujettie à
une marche progressive dont tous les pas sont
enchaînés les uns aux autres suivant des lois naturelles.

Comte et Littré se rattachent également à cette
doctrine. Mais c'est de nos jours surtout qu'elle a été
reprise et exposée avec tous les développements d'une
théorie scientifique par Spencer, qui assimile le progrès social à la croissance de l'organisme physique.
Pour lui, le parallélisme est absolu; il se caractérise
de part et d'autre par l'hétérogénéité croissante de
structure, la subdivision croissante des fonctions, la
localisation croissante de chaque fonction dans la

partie de l'organisme qui lui correspond. Il y a, de plus, complication croissante et dépendance croissante des parties. En un mot, l'humanité progresse comme l'arbre s'élève, comme l'enfant grandit.

La doctrine de Spencer, qui a eu tant de vogue, a toutefois aussi un écueil. Les partisans du droit de nature sont entraînés à sacrifier la tradition au mouvement, l'autorité à la liberté, la société à l'individu. Les disciples de Spencer doivent se garder d'exagérer la théorie de leur illustre maître et de sacrifier ainsi le mouvement à la tradition, la liberté à la force organique, l'individualité à l'État [1].

Le problème consiste à concilier la continuité de la vie sociale avec la liberté de l'individu en quête du mieux. la tradition qui a été un jour un progrès avec le progrès qui est le début d'une tradition. Ce que Spencer a fait comprendre mieux que ses devanciers et ce qui restera acquis à la science politique, c'est que pour « se transformer il faut d'abord durer » [2].

Le progrès dans l'humanité ne peut s'accomplir que conformément aux lois qui dominent l'humanité et il est manifeste que le progrès exclut le développement égal et simultané de tous.

On peut concevoir une vie collective où chacun participe le plus possible à la civilisation en proportion de son développement, on ne saurait concevoir que tous y aient une part égale. Le progrès suppose la variété des conditions.

Chaque peuple, qu'il s'agisse des Juifs, des Grecs,

[1] Voir Fouillée, *Idée du droit.*
[2] Fouillée, *Id.*, p. 114.

des Romains, des Germains ou des Gaulois, a d'abord eu des supérieurs; chacun s'est élevé à son tour; chacun est devenu supérieur à ce qu'il était et chacun a apporté une idée, une culture, un progrès qui lui était propre en laissant derrière lui d'autres peuples qui lui restaient inférieurs.

Et de même dans un peuple, chaque classe sociale a grandi à son tour, ajoutant des éléments nouveaux à la civilisation et dépassant des couches sociales qui restaient en arrière, mais essayaient bientôt de monter elles-mêmes.

Enfin, dans chaque classe, l'individu libre de se développer est devenu supérieur à ce qu'il était, s'est haussé au niveau de ceux qui lui étaient supérieurs, a distancé ceux qui restaient au degré inférieur et a fourni sa part de force et de vitalité à l'ensemble. Le progrès social est lié au progrès individuel et l'un et l'autre reposent sur l'inégalité.

C'est là un point qui mérite, me paraît-il, d'être mis en lumière; il y a de l'intérêt à rechercher, dans les faits, les origines du progrès et son mode de réalisation.

Prenons donc l'homme de nos régions dans la période quaternaire : le progrès résulte chez lui de ce que, à un certain moment, le temps et les forces ne sont plus absorbés complètement par la satisfaction des besoins immédiats. Il y a alors de l'activité au repos, de la force en réserve qui peut être employée à des nécessités moins pressantes, telles que la fabrication des armes, la production du feu.

Les hommes ont d'abord consacré tous leurs efforts

à lutter contre les éléments, à résister aux forces aveugles de la nature qui menaçaient leur vie, à s'abriter contre le froid, la pluie ou le soleil, à se protéger contre les inondations, la sécheresse ou la famine, à se procurer, n'importe comment, la nourriture quotidienne et à recommencer tous les jours le même combat.

Dès qu'ils ont eu un instant de répit, dès qu'ils ont pu se reposer et réfléchir à un avenir plus lointain que l'heure présente, ils ont eu une réserve disponible, une épargne pour leur développement futur. Et ce premier instant de répit a été la première lueur de la civilisation et le germe des progrès futurs. L'anthropologie nous montre l'homme d'abord frugivore et sédentaire, puis carnivore et conquérant, enfin omnivore, migrateur et cosmopolite, et s'élevant ainsi progressivement à l'âge de la pierre, à l'âge du bronze, à l'âge du fer. Or, il fait un pas décisif en avant, le jour où, ayant créé ce que M. Dupont appelle la force artificielle (¹), il abandonne un avantage tangible et immédiat en vue d'un bien moins rapproché; le jour où il comprend qu'il a intérêt à employer sa force de travail à un ouvrage ne lui procurant pas une nourriture sur l'heure pour augmenter sa puissance d'acquisition de nourriture dans l'avenir; c'est-à-dire le jour où il fabrique des armes pour abattre les animaux, et où il utilise le feu pour faire cuire ses aliments. Ainsi, à un moment donné, grâce à la fabrication des armes et à l'utilisation du feu, l'homme a puisé dans une

(¹) Dupont. *Bulletin de la Société d'anthropologie.* Tome XII, fascicule II. 1893.

alimentation plus riche, un surcroît d'activité cérébrale dont il a profité pour améliorer son sort (¹).

Le point de départ, c'est une économie de force
physique et intellectuelle et l'adaptation de la réserve
disponible à des faits nouveaux. De cette source
unique, l'épargne, découlent tous les progrès : le
développement technique, l'appropriation des produits du sol, l'échange de ces produits, et surtout la
division du travail, dont l'influence a été colossale.

En effet, il y a d'abord chez l'homme un effort
volontaire ; les actes volontaires répétés deviennent
réflexes et laissent du champ à la volonté qui, libre
de s'appliquer à des buts nouveaux, utilise la force
emmagasinée pour la satisfaction de besoins de plus
en plus élevés. Or, la division du travail est l'application de ce principe ; elle constitue une épargne énorme
de force créatrice et contribue à son tour à accélérer
la marche de l'humanité.

Chacun produisant ce qu'il a l'habitude de produire,
produit plus facilement et plus rapidement et consacre au progrès un surcroît de temps, de vigueur,
de conscience. L'extension du nombre des actes
réflexes, profitant à l'extension de la vie intellectuelle,

(¹) Dans son livre : *L'idée de Dieu*, le comte Goblet d'Alviella montre
que le progrès, c'est la tendance croissante à obtenir les mêmes résultats avec des efforts moindres et à utiliser, pour la satisfaction de
besoins de plus en plus élevés, le surcroît de force ainsi laissé à la
disposition de l'homme. *L'idée de Dieu*, p. 4. Bruxelles, Falk, 1892.

Dans une communication faite, le 26 avril 1893, à la Société d'anthropologie (*Bulletin*, t. XII, p. 43), M. le professeur Heger développe
l'idée que « l'action du feu a permis à l'homme d'acquérir un régime
artificiel et de se procurer ainsi une *disponibilité d'énergie* qui a été
une condition essentielle des progrès de l'industrie ».

permet à l'intelligence d'aller toujours plus haut et de voir toujours plus loin.

Dans la société comme chez l'individu, les actes d'abord conscients, devenus ensuite habituels, sont de plus en plus nombreux; et l'individualité nationale, appuyée sur une réserve de coutumes traditionnelles, trouve moyen d'arriver à un développement toujours plus puissant : les tribus primitives se donnaient beaucoup de peine pour atteindre à des résultats qu'une nation moderne obtient pour ainsi dire automatiquement. Le progrès est donc plus rapide aujourd'hui qu'alors. Mais alors comme aujourd'hui, le procédé est le même.

Toute la civilisation est là en germe. Et si les explorateurs des cavernes préhistoriques, en mettant à découvert des fétiches, des ornements, des ossements sacrés, des talismans et des amulettes, nous montrent l'homme de ces jours lointains arrivant déjà à la conception enfantine et grossière, mais indéniable, de l'idéal, de « quelque chose de mystérieux et de puissant qui dépasse les limites de son horizon borné » (1), ne faut-il pas rapporter encore ce phénomène d'ordre supérieur et transcendant au même principe : un excédent croissant d'énergie au repos, permettant à une proportion croissante d'activité de s'appliquer à des buts toujours plus élevés?

Nous sommes aux antipodes de la théorie de Rousseau et de l'état de nature : bien loin d'être le retour à l'état de nature, le progrès est dans l'effort de l'homme pour sortir de l'état de nature, où la force

(1) GOBLET, *L'idée de Dieu*. Bruxelles, 1892, p. 21.

aveugle est tout, et pour entrer dans la civilisation où
l'idéal, la force intelligente et morale, l'emporte
chaque jour davantage.

Eh bien, ce qui se passe dans l'obscurité des époques
primitives se reproduit à travers toutes les époques
historiques : l'homme tend d'abord au nécessaire,
ensuite au superflu. Mais le superflu devient bientôt
à son tour le nécessaire et la poursuite du bonheur
continue à l'infini. La transformation, qui fait du
troglodyte le travailleur du bronze et du fer, fait
de l'esclave romain le colon attaché à la terre et du
colon le serf féodal. C'est de la même façon que le
serf taillable et corvéable à merci devient l'ouvrier
discipliné, enrégimenté dans les cadres protecteurs
des corporations, et que celui-ci devient le petit
bourgeois du xviiie siècle.

C'est de cette façon, enfin, que l'ouvrier libre, mais
dégradé et impuissant, du début de notre siècle,
devient l'ouvrier d'élite, le coopérateur, le petit bourgeois, et que l'histoire économique de l'Europe nous
fait assister, depuis la Renaissance, à l'émancipation
de la classe moyenne, depuis la Révolution à l'émancipation de la classe ouvrière.

Le procédé de civilisation émancipant les hommes
trois mille ans avant l'ère chrétienne est encore celui
qui agit sous nos yeux. L'ontogénèse reproduit la
philogénèse; un état social donné possède des représentants des diverses phases du développement de
l'humanité.

Notre culture avancée renferme des couches sociales
qui sont l'équivalent des tribus primitives : comme

celles-ci, en effet, les prolétaires sont au bas de la montée conduisant à la civilisation ; ils ont, comme ces tribus, un idéal à atteindre : « plus de bien-être », et ils y marchent par la même voie : « économie de la force physique et intellectuelle ».

Telle est la signification du mouvement pour les hauts salaires et la réduction des heures de travail, qui occupe une si grande place dans la lutte économique moderne. L'ouvrier de nos usines, comme celui qui taille le silex à l'âge du mammouth, commence à s'élever le jour où il a la certitude du pain quotidien. Comme lui, il se développe quand un régime alimentaire plus substantiel augmente ses forces. L'ouvrier moderne progresse quand l'organisation industrielle et le payement à la pièce, lui permettant de produire plus en moins de temps et accroissant ainsi son revenu total, lui laisse, en salaires comme en heures de repos, de quoi augmenter son bien-être, cultiver son intelligence et participer à la vie de famille.

§ 2.

Lassalle, Marx, Engel, Henri George, Burns, Guesde et d'autres encore, ont contesté l'applicabilité de la loi du progrès à l'ouvrier moderne. S'appuyant sur la loi d'airain du salaire formulée par Turgot et Ricardo, ils ont affirmé que les profits de l'industrie seuls augmentaient sans cesse, que l'ouvrier devait éternellement être ramené au niveau du strict nécessaire. Allant plus loin encore, ils ont enseigné que le prolétariat est fatalement la proie de l'industrie ; pour

eux, cela est inhérent à l'organisation capitaliste bourgeoise; tant qu'elle existera, les riches deviendront
toujours plus riches et les pauvres plus pauvres.

Si l'expérience leur donnait raison, si le progrès,
qui est la raison d'être de l'humanité et a toujours
permis aux hommes d'améliorer leur sort, devait
subitement s'arrêter, la destruction de l'ordre social
serait légitime. Mais l'expérience dément la théorie
révolutionnaire; l'ouvrier du XIXe siècle s'élève comme
l'homme primitif. Cela est établi par les faits.

D'abord, est-il vrai que les riches deviennent toujours plus riches?

Une chose est certaine : la seconde moitié du
XIXe siècle a vu l'éclosion rapide de gigantesques fortunes. Et quand on prend un court espace de temps,
il semble que les riches deviennent plus riches. Toutefois, la rapidité même de la croissance de ces fortunes
est déjà une cause de faiblesse. Les bourgeois qui les
ont édifiées n'ont pas eu le temps d'acquérir la culture morale indispensable à la conservation du patrimoine. Ils n'ont pas songé à donner à leurs enfants
la forte éducation qui seule rend l'homme capable
d'exercer la puissance.

Ils ont vu dans la propriété non pas une fonction
entraînant des charges multiples, mais le droit quiri-
taire d'user et d'abuser, une faculté illimitée de
jouissance. Et les fortunes si rapidement formées
s'écroulent tout aussi rapidement.

Aussi le nombre de ceux qui ne travaillent pas
diminue. Ils sont condamnés à disparaître.

Le monde appartient à ceux qui, ouvriers ou capitalistes, ont une vie consciente, et non à ceux qui vivent d'une vie réflexe et végétative.

Et la grandeur de notre époque, c'est que la puissance de l'argent n'est qu'apparente. L'argent à lui seul ne crée rien.

L'histoire, de son côté, prouve la mobilité extrême de la fortune, le pouvoir décroissant de l'argent, l'impossibilité de plus en plus grande pour les riches de ne pas travailler.

La plupart des anciennes fortunes sont anéanties; où donc est la fortune des Jacques Cœur en France, des Függer, d'Augsbourg? La richesse du xviii⁴ siècle est tout au plus aujourd'hui l'aisance; l'aisance du siècle dernier est aujourd'hui la pauvreté.

M. d'Avenel (¹) fournit à cet égard des chiffres frappants :

1,000 livres, à la mort de Charlemagne, représentaient 81,000 francs de notre monnaie. Ces 81,000 francs, ayant un pouvoir neuf fois plus grand que le nôtre, valaient en réalité 729,000 francs, et produisaient, à 10 p. c., un revenu de 72,900 francs.

Si l'on tient compte de la dépréciation de la monnaie, de la diminution du pouvoir de l'argent, de l'abaissement de l'intérêt, ce revenu va toujours diminuant.

A l'avènement de saint Louis, le revenu de ces 1,000 livres n'est plus que de 9,800 francs.

En l'an 1300, il est de 6,400 francs.

— 1500, il descend à 2,319 —

(¹) *Revue des Deux Mondes*, 1ᵉʳ août 1892.

En l'an 1600,　il est de　417 francs.
  —　1700,　 —　266　—
  —　1789,　 —　90　—
  —　1893,　 —　36　—

Le richard du siècle de Charlemagne est devenu un ouvrier, et nous arrivons à une situation où le revenu des 81,000 francs possédés au IX° siècle ne serait plus que le prix d'une journée de travail.

En ce moment même, grâce à l'abondance des capitaux, à leur sécurité, à la faible productivité des entreprises, la baisse de l'intérêt continue, et, comme le dit M. Cheysson, elle ronge sans se lasser les revenus de l'oisif (¹).

Et quelle est la valeur de la seconde thèse du socialisme révolutionnaire : les pauvres deviennent toujours plus pauvres?

Assurément, dans la classe moyenne, la lutte pour la vie, l'encombrement des professions, produit beaucoup de pauvres, d'autant plus à plaindre qu'ils ne peuvent être sincères.

Assurément, dans le prolétariat, les crises de l'industrie jettent à chaque instant des ouvriers sur le pavé.

Il y a pourtant d'autres phénomènes à opposer à ceux-là :

Dans la plupart des pays (je ne parle ni de la Russie, ni du Mexique, où il n'y a pas de classe moyenne), la classe moyenne s'étend par en haut et par en bas; elle comprend des nuances de plus en plus multiples, dont

---

(¹) *L'Économiste*, 18 février 1892, p. 202

les dernières vont se fondre dans le prolétariat qui, à son tour, pénètre dans la classe moyenne.

Partout les renseignements statistiques nous révèlent l'augmentation du bien-être de la classe ouvrière : en Belgique, le ministère de l'agriculture, de l'industrie et des travaux publics a publié le tableau des salaires et budgets ouvriers au mois d'avril 1891 ([1]). Il en résulte, et ces faits ont été mis en lumière dans un travail de M. Julin ([2]), que pendant l'espace d'un demi-siècle, de 1846 à 1891, les salaires ont doublé, le prix des denrées a baissé, et que le pouvoir d'achat du salaire a ainsi augmenté de 42 p. c.

Et dans son grand ouvrage qui paraît à l'instant sous le titre : *La dépression économique et sociale et l'histoire des prix*, M. Hector Denis, après de laborieuses et patientes recherches, constate une tendance à l'amélioration du salaire réel, une élévation permanente du *Standard of life* (p. 123 et 125).

Mais c'est surtout en Angleterre que l'histoire économique nous fournit, avec un tableau admirable de l'élévation graduelle de l'ouvrier, la démonstration vivante de l'erreur marxiste. Que l'on se reporte en Angleterre au début du siècle : la situation de l'ouvrier est atroce; les patrons méconnaissent leurs devoirs envers lui; ne visant qu'à produire au minimum possible de frais et ne voyant dans le travailleur qu'un moyen de production, ils lui imposent le salaire le plus réduit qu'il

([1]) Bruxelles. Weissenbruch, 1892.
([2]) La « Réforme sociale ». Octobre et novembre 1892. *Salaires et budgets ouvriers en Belgique*, par ARMAND JULIN, secrétaire adjoint du Conseil supérieur du travail.

puisse supporter et le font travailler jusqu'à l'extrême limite des forces humaines. Vingt heures de travail n'étaient pas une exception ; des enfants de neuf ans venaient de très loin, portés à l'atelier ; on les frappait pour les tenir éveillés la nuit ; les workhouses livraient gratuitement les petits pauvres et les envoyaient par masses aux filatures ; des paroisses rétribuaient le fabricant pour se débarrasser de leurs enfants indigents ; un industriel fait un contrat par lequel il s'engage à accepter un enfant idiot sur vingt enfants fournis (¹). En un mot, on acceptait tout ce qui représentait la plus minime force musculaire. Le résultat, c'était d'abord la dégénérescence de la nation ; la femme, mère à 15 ans parfois, et travaillant jusqu'au jour de l'accouchement ; l'adulte inapte au service militaire ; l'homme grandissant comme une brute dans l'ignorance, l'ivrognerie, la débauche, l'immoralité au milieu de fièvres contagieuses et d'épidémies foudroyantes. C'étaient aussi les révoltes d'un prolétariat sans espoir ; les luttes sanglantes, les réunions secrètes où la nuit on décrète le pillage ; l'industrie vivant sous l'empire du terrorisme ; l'antagonisme des classes arrivé au paroxysme de la violence.

Et si, maintenant, détournant les regards du passé, nous considérons le présent, nous assistons à une transformation merveilleuse. La région du Lancashire, l'ancien réceptacle des misères et des haines, est devenu l'abri de la paix sociale, le foyer de la prospérité anglaise. L'ouvrier d'il y a soixante ans, avili, hai-

---

(¹) Voir les détails dans le livre de SCHULZE-GAEVERNITZ, *Zum socialen Frieden*. Leipzig, 1890. 2 vol. *passim*.

neux, plus malheureux que l'esclave romain, n'existe plus.

Le corps fortifié par une nourriture substantielle, l'esprit cultivé par la fréquentation des cours, des musées, des bibliothèques, le cœur formé par la vie de famille, il est « devenu physiquement et intellectuellement, selon l'expression de Rupert Kettle en 1875, un type hautement progressif de l'humanité ».

L'ouvrier anglais actuel est donc en grand progrès sur l'ouvrier de 1830. C'est lui qui, en Europe, touche les plus hauts salaires et a les journées de travail les plus courtes; c'est lui qui fournit à l'industrie la plus grande somme de travail et de capacité; c'est lui aussi qui est le plus exigeant. Il est mieux logé, mieux nourri, mieux vêtu; il peut, en dépensant la même somme que jadis, acquérir plus de choses; la mortalité a diminué, l'âge moyen s'est élevé, la criminalité diminue; la vie s'est régularisée (¹). Il a donc trouvé dans des conditions meilleures d'existence l'excédent nécessaire à son développement, et s'est créé des besoins plus élevés, absolument comme son prédécesseur de la période quaternaire a puisé dans les conditions meilleures du régime carnivore l'excédent nécessaire à son émancipation.

Et, pour le dire en passant, n'est-ce pas un phénomène d'une portée incalculable au point de vue de la conciliation des classes que ce fait : le progrès de l'ouvrier est favorable au progrès de l'industrie; l'ouvrier qui peut employer à son développement la réserve d'énergie la plus considérable, est aussi celui

(¹) Giffen, *The Progress of the working classes.* London, 1884.

qui est le plus productif pour l'industriel et lui coûte
le moins cher ([1]).

En résumé, le prolétariat a progressé parce que,

([1]) Voir les chiffres fournis à la conférence de Berlin par le délégué
français, Victor Delahaye.

Voir aussi les exemples produits par Schulze-Gaevernitz dans l'admirable livre déjà cité. En voici quelques-uns :

« Brassey, le grand constructeur de chemins de fer, a construit des
voies ferrées partout. En 1842, il construisait la ligne Paris-Rouen.
Il donnait à l'ouvrier français la moitié du salaire accordé à l'anglais,
et c'était l'anglais qui lui coûtait le moins. Et nous voyons actuellement que, dans la construction du chemin de fer du Congo, le nègre,
qui n'a presque pas de besoins, et se contente, comme salaire, de coli-
fichets, est un ouvrier qui coûte fort cher.

« Le salaire des ouvriers du coton est bien plus élevé à Manchester
qu'à Mulhouse, et pourtant, les tissus de Manchester coûtent moins et
les fabriques de tissus imprimés de Mulhouse vont chercher leurs
étoffes à imprimer à Manchester.

« Les imprimeurs sur coton du Massachusetts touchent un salaire
de 4 dollars 1/2. Ceux d'Allemagne ne reçoivent pas un dollar. C'est
la production américaine qui l'emporte. L'ouvrier filateur de l'Inde
ne demande qu'un peu de riz ; dès qu'il a sa pitance, il chôme, et la
main-d'œuvre dans l'Inde coûte horriblement cher.

« L'ouvrier agricole russe n'a presque pas de besoins ; il travaille
16 à 17 heures par jour. L'Anglais, qui se nourrit fort bien, travaille
10 heures et fait deux fois plus de besogne. D'après Stuart Mill, un
faucheur du Middlesex fauche en un jour autant que trois faucheurs
russes, et le fermier anglais paye 10 centimes là où le propriétaire
russe en paye 50, pour faucher la même portion de prairie.

« Dans la Forêt-Noire, la fabrication des montres est une industrie
domestique. L'ouvrier fabrique toute la montre.

« En Amérique, une fabrique de 420 ouvriers produit, grâce à un
outillage merveilleux, 1,500 montres par jour.

« Le salaire de ces ouvriers est le quadruple de celui de l'ouvrier de
la Forêt-Noire. Pourtant, les frais de fabrication sont moindres aux
États-Unis et la montre américaine coûte moins. Et tandis que, dans
la Forêt-Noire, la plus petite fluctuation du salaire trouble toute l'industrie, aux États-Unis, sur un chiffre aussi colossal de montres, une
augmentation de salaire d'un dollar ne produit pas d'effet sensible. La
qualité de l'ouvrier devient essentielle, la question du salaire perd de
son importance pour l'industriel »

mis à même de travailler moins longtemps et de manger plus, il a pu, comme l'homme de l'âge de la pierre, se constituer une épargne de force intellectuelle et physique.

Et si, à mesure qu'il se trouvait en état de satisfaire à des désirs plus élevés, de nouveaux désirs s'éveillaient en lui, cela même ne doit pas nous étonner; il obéissait à ce courant irrésistible que jamais l'humanité n'a remonté, que nous voyons apparaître à travers les communications des géologues sur l'homme primitif comme à travers les constatations des statisticiens sur l'ouvrier contemporain, et qui pousse en avant tous les individus.

Le bourgeois a aujourd'hui une situation bien supérieure à celle de ses pères; lui aussi, avec des capitaux plus abondants, peut se procurer plus de choses; lui aussi jouit d'un bien-être supérieur à celui de l'industriel d'il y a cent ans; il ne se contenterait plus de la vie simple, frugale, modeste de cette époque. Il lui faut le confort et les raffinements du luxe; il recherche même les excitations nuisibles d'une vaine ostentation. Mais il est en progrès sur ses aïeux, comme l'ouvrier affranchi était en progrès sur le serf, comme le chevalier du xiiie siècle était en progrès sur les compagnons de Charlemagne; comme le citoyen romain était en progrès sur l'homme déjà civilisé de l'âge du fer.

Pourtant, le bourgeois ne se déclare pas satisfait; il a des désirs nouveaux succédant à des désirs réalisés; il veut monter encore et rêve de nouvelles conquêtes De même, l'ouvrier actuel ne se compare

pas à l'ouvrier d'autrefois, qu'il ne connaît pas. Il se
compare au riche bourgeois qu'il connaît; il voit les
sacrifices que la bourgeoisie fait au luxe et au superflu.
Et il trouve dans le milieu qui l'entoure des ferments
qui surexcitent ses aspirations. De telles aspirations
sont inévitables, elles apparaissent dans tous les
groupes doués d'une activité consciente et volontaire,
et j'ajoute qu'elles sont légitimes aussi longtemps
qu'elles sont soumises à la loi morale dont je parlerai
plus loin. Ce désir toujours renouvelé au cœur de
l'homme, c'est la poussée éternelle de la sève qui
revient, monte, entretient la vie et fait que la société
recule sans cesse les limites de son horizon. Le jour
où tous les individus, tous égaux, seraient tous contents de leur destinée, et qu'il n'y aurait donc plus
pour eux d'idéal à atteindre sur cette terre, je pense
que la société croupirait comme une eau stagnante.

§ 3.

Quoi qu'il en soit, il n'est pas douteux que le phénomène du progrès, ramené à ses termes les plus simples,
consiste dans le passage du type inférieur à un type
supérieur. Mais ceci admis, un nouvel ordre d'idées
s'impose à nos méditations.

Reprenons la tribu primitive de l'époque quaternaire. Elle ne nous offre pas de classes sociales. Tous
les membres de la tribu sont au même niveau; tous
luttent pour le nécessaire. Ils ont tous le même but:
améliorer leurs conditions d'existence. Et à un certain
moment, grâce au procédé signalé plus haut (l'emploi

de la force artificielle, la fabrication des armes, l'utilisation du feu, etc.), les mieux doués y parviennent plus vite que les autres.

Mais dès ce moment aussi, le problème se complique : il n'y a plus seulement en présence des êtres qui tendent instinctivement au bien-être; il y a, à côté de ceux qui s'élèvent, d'autres qui restent stationnaires, à côté de ceux qui luttent pour le superflu, d'autres qui continuent à lutter pour le nécessaire, et à mesure que la civilisation progresse, le contraste entre les privilégiés et les déshérités est plus frappant.

L'accession de l'homme primitif à la civilisation, au bonheur, est donc une des faces de la question. Il y en a une autre : quand, à un moment quelconque de l'histoire, l'humanité arrive à un degré quelconque de civilisation, cela ne veut pas dire que tous les individus soient arrivés à ce même degré de culture et de bonheur. Il y a toujours des retardataires, et la seconde face de la question, c'est la participation du plus grand nombre possible d'individus aux conquêtes réalisées. L'homme passant du type inférieur au type supérieur, voilà le progrès individuel. La participation du plus grand nombre possible d'hommes à la vie du type supérieur, voilà le progrès social.

Et la loi du progrès trouve ici dans l'inégalité un nouvel aiguillon. L'homme des temps primitifs est poussé par son instinct à chercher mieux que ce qu'il a. Dans la civilisation, le déshérité compare, non seulement la réalité à l'idéal, non seulement ce qu'il est à ce qu'il pourrait être, mais aussi sa condition à la condition de ceux qui vivent déjà à un degré supé·

rieur; il voit son rêve matérialisé dans la vie de ses semblables, et il lui semble qu'il n'a qu'à étendre la main pour atteindre à leur niveau, et c'est là ce qui le pousse en avant.

Et si telle est la marche du progrès, la thèse darwinienne de la sélection naturelle par la lutte n'est pas suffisante pour expliquer le progrès. La loi biologique de la survie des plus aptes peut être vraie au début, à une époque où, dans la lutte de tous contre tous, les plus forts triomphant des plus faibles servent au développement de l'espèce. Mais cela n'est plus vrai dans l'état de civilisation. La théorie darwinienne explique l'émancipation de l'individu primitif. Mais si on la prolonge à travers les siècles, elle fait de l'histoire une lutte zoologique. Elle nous livre en pâture aux puissances aveugles de la nature, alors que les hommes mettent leur orgueil à y avoir échappé.

On n'est donc pas dans le vrai en se bornant à transplanter la théorie darwinienne de l'état de nature dans l'état de culture, du domaine zoologique dans le domaine moral et social.

Pour qu'elle pût être appliquée au milieu de nous, il faudrait considérer les temps écoulés comme non avenus, retourner en arrière et, comme l'a montré M. de Laveleye ([1]), abolir les richesses et l'hérédité et n'accorder de valeur qu'à la fatalité physique contre laquelle l'homme s'est efforcé de réagir.

Sous l'empire de la fatalité physique, le progrès individuel n'est peut-être que la lutte des supérieurs contre les inférieurs qu'ils écrasent. Sous l'empire de

([1]) DE LAVELEYE, *L'État et l'individu*. Florence, 1885.

la liberté et de la civilisation, le progrès social doit
être l'accession des inférieurs au niveau des supérieurs
qui les accueillent. L'évolution biologique à elle seule,
si elle n'est pas idéalisée par la fraternité, si elle n'implique pas une évolution morale corrélative, nous
replonge en plein dans la barbarie originelle.

Quand le progrès matériel n'est pas accompagné du
progrès moral, il n'a ni signification ni portée et ne
nous fait pas sortir de cet état de guerre où règne
le droit du plus fort.

Un progrès uniquement matériel engendre surtout
des besoins et des jouissances. Quand les hommes ont
plus de choses à se disputer, le résultat c'est que,
l'enjeu excitant plus d'envie, la lutte de tous contre
tous est plus passionnée, la poursuite de l'intérêt
personnel plus ardente, l'égoïsme plus âpre encore, la
mêlée plus furieuse.

La croyance que la richesse, à elle seule, fait le
malheur du monde, s'éveille déjà dans la conscience
populaire à l'aurore de notre civilisation. Nous la
retrouvons, cette croyance mystérieuse et sacrée, dans
les premiers chants des hommes du Nord, dans ces
Sagas scandinaves où la soif de l'or apparaît comme
la cause de la détresse de tous ceux qui convoitent le
trésor maudit d'Andvari.

La civilisation, qui multiplie les richesses sans
multiplier les liens sociaux et les devoirs sociaux, qui
fait progresser les ambitions sans faire progresser en
même temps la moralité, la notion du devoir et du
désintéressement, produit plus de mal que de bien.
Une telle civilisation, Hobbes a raison de la repré-

senter sous la forme hideuse du Léviathan, Rousseau
a raison de lui lancer l'anathème.

Le monde n'est pas un conglomérat mécanique de
forces individuelles, la société n'a pas uniquement un
caractère économique ; elle n'a pas uniquement pour
but de produire ou d'accroître la richesse ; « elle
« n'existe pas uniquement, dit Sismondi, pour four-
« nir au plus bas prix des boutons et du coton » (¹).
La richesse économique n'est qu'un des instruments
de la civilisation, en faire le but « c'est ressembler
au roi Midas, qui changeait en or tout ce qu'il
touchait et mourait de faim ». L'homme est autre
chose qu'un accumulateur de capital, et l'erreur de
l'économie politique c'est de lui inspirer la conviction
qu'il n'est que cela.

Quack nous montre l'Europe à l'époque de la grande
exposition de Paris de 1867 (²).

L'industrie semblait arrivée à son apogée ; on s'ima-
ginait être au terme du progrès ; les splendeurs de la
production provoquaient une admiration universelle ;
et pourtant, au-dessous de cette surface brillante fer-
mentait le sourd mécontentement des travailleurs ;
l'optimisme officiel cachait les crises, les atrocités de
la concurrence, l'incertitude du lendemain ; la grande
masse ne participait pas à la joie des dirigeants, qui
ne s'étaient préoccupés que du progrès matériel.

Cela ne saurait suffire. Partout à l'accroissement de

(¹) « La question capitale pour un peuple, écrit J. Ruskin, n'est
« pas de savoir combien d'ouvriers il occupe, mais combien de vies
« il rend possibles. »
(²) Quack, De Socialisten. Amsterdam, 1885. Introduction.

richesse doit correspondre l'accroissement de culture morale.

Les riches sans culture ont plus de puissance pour le vice que pour la vertu. Les grandes capitales nous fournissent le type de ces désœuvrés dont l'existence est végétative et qui ne vivent plus que d'une sorte de vie extérieure, faisant, comme le dit Lemaître, des gestes d'apparat, parlant un langage conventionnel, inventant des nœuds de cravate, pariant sur des chevaux qui les ruinent, tutoyant des jockeys qui les trompent, et exerçant autour d'eux une influence délétère.

De même, de hauts salaires accordés à des ouvriers incultes font plus de mal que de bien en n'ayant d'autre résultat que de développer le chômage et l'alcoolisme. Tel ouvrier rural dans un petit village des Ardennes, où il travaille au milieu des siens pour un maigre salaire, est plus heureux mille fois que tel ouvrier urbain qui ne trouve dans un salaire élevé que des occasions d'inconduite, de dissipation et de fainéantise.

Un publiciste berlinois, M. Adolphe Schulze, a étudié sur place la condition des mineurs de la Sarre et des mineurs de Silésie.

D'après son enquête, les ouvriers de la Sarre reçoivent un salaire moyen de 6 fr. 50 c. par jour. Mais ils n'ont pas de vie de famille, leur intérieur est sordide et repoussant; ils vont s'étourdir au cabaret et ils sont profondément aigris.

En Silésie, au contraire, où le salaire est inférieur de moitié à celui de l'ouvrier de la Sarre, mais où le mineur connaît le confort et l'influence bienfaisante du milieu familial, il est heureux.

Ce qui est vrai des bourgeois et des ouvriers, est vrai de la société entière. Une société, même très prospère, mais privée de culture morale, ne réalise pas le bonheur. Accroître la production sans accroître le sentiment altruiste, sans faire pénétrer dans tous les esprits l'idée du devoir, c'est, bien loin d'apaiser la lutte, attiser la haine entre les hommes.

Et ainsi, sous quelque face que l'on examine le problème, l'on aboutit toujours à la même conclusion : d'une part, le progrès résultant de l'effort de ceux qui sont en bas pour monter repose sur l'inégalité, et d'autre part, le progrès ne pouvant empêcher qu'il ne reste toujours dans un état donné de civilisation des êtres inférieurs, repose sur la moralité qui tempère les rigueurs de l'inégalité. Sans la moralité, les mieux doués auraient le droit d'étouffer le développement des moins bien doués, comme la haute futaie entrave le développement des arbustes qui, à la base des grands arbres, cherchent à pousser sans y parvenir.

Toute la question sociale est dans cette organisation de la société, dans la participation du plus grand nombre d'hommes au plus grand bonheur possible, dans la conciliation entre le droit et le devoir des inférieurs et le droit et le devoir des supérieurs.

Comme système politique, le socialisme des Marx, des Guesde, des Bebel est une utopie. Mais le socialisme révolutionnaire est pour nous ce qu'étaient pour Carlyle les révolutionnaires de son temps : « Des verges aux mains de la justice. » Il rappelle, en effet, au respect de la justice et de la morale ceux qui seraient tentés de les fouler aux pieds.

La part de vérité dans le socialisme, c'est, d'abord, l'idée que si les hommes arrivés au but désiré n'obéissent qu'à leur intérêt et ne se retournent plus vers ceux qu'ils ont dépassés, il y a dans la société des germes de dissolution; c'est, ensuite, la reconnaissance d'une conception sociale organique, supérieure à la conception atomiste; c'est, enfin, la réaction contre la morale utilitaire, qui, d'Épicure à Bentham et à l'économie politique moderne, n'a jamais été que la régulatrice de l'égoïsme [1].

La part d'erreur, c'est l'idée que les hommes pourraient tous, au même moment, arriver au même niveau et qu'une fois arrivés à ce niveau, ils pourraient s'y maintenir. C'est la conviction que les abus de l'autorité disparaîtraient le jour où l'autorité, au lieu d'être exercée par la classe moyenne, le serait par la classe ouvrière; c'est l'opinion que la dictature du travail manuel serait moins funeste que la dictature du capital.

Si l'homme était un être idéal, doué de toutes les perfections intellectuelles et morales, il est probable que le socialisme ou l'individualisme serait chose assez indifférente. Mais c'est précisément parce que l'être humain est imparfait que l'économie politique classique a donné lieu à des abus, et que l'application du socialisme donnerait lieu à des abus analogues.

Nous devons rechercher l'harmonie sociale, concentrer les efforts universels éparpillés dans l'immensité

[1] M. Guyau, *La morale d'Épicure*. Paris, 1886.

de l'univers, obéir à cette loi d'équilibre qui empêche les mondes de s'entrechoquer, le corps humain de se désagréger, la société de périr par l'anarchie. Il est tout aussi injuste et tout aussi odieux de persécuter les supérieurs au nom de l'égalité, que de persécuter les inférieurs au nom de l'inégalité. Avant tout, la société a besoin de cohésion et la crise actuelle ne peut, comme les crises antérieures, se dénouer que par une transaction.

C'est à une transaction qu'ont abouti et les luttes des petits métiers contre les lignages, et des compagnons contre les maîtres, au XIIIᵉ et au XIVᵉ siècle; c'est à une transaction qu'ont abouti les luttes religieuses du XVIᵉ siècle, les luttes politiques du XVIIIᵉ siècle.

C'est à une transaction qu'aboutira un jour la lutte sociale du XIXᵉ siècle et cette transaction assurera la marche régulière du progrès, en faisant la part de la liberté et de l'autorité, de l'élément individuel et de l'élément social, des droits et des devoirs de chacun.

La conciliation entre la liberté et l'autorité, c'est l'autorité décentralisée, substituée à l'État centralisateur.

La conciliation entre l'élément individuel et l'élément social, c'est le groupement social des intérêts, substitué à l'isolement de l'individu.

La conciliation entre les droits et les devoirs de chacun, c'est le développement de l'esprit social, c'est-à-dire la morale de la fraternité, du désintéressement et de l'amour, substituée à la morale de l'égoïsme et de l'intérêt personnel.

Tels sont les points que je voudrais examiner d'une façon plus approfondie.

CHAPITRE II.

La liberté et l'autorité.

Avantages et défauts de la liberté et de l'autorité. Examen historique de la question. Alternance de la liberté et de l'autorité dans le domaine économique ; dans le domaine de la bienfaisance. La conciliation des deux principes est dans la décentralisation.

Prenons d'abord le débat plus brûlant et plus vivace que jamais qui s'agite entre les défenseurs de la liberté et les défenseurs de l'autorité.

Les partisans de la liberté décrivent, Richter l'a fait au Reichstag dans les séances du 4 et du 6 février 1893, l'État social de l'avenir livré à l'autorité d'après les idées de Bebel ; ils montrent la société organisée comme une prison, la disparition de la vie de famille, du ressort individuel, de l'élan vers le progrès ; la suppression de l'épargne, la sécheresse d'une existence sociale où, moyennant un salaire égal pour tous, chacun sans joie ni énergie exécute un travail imposé par le pouvoir.

Les partisans de l'autorité décrivent, avec Carlyle, la lente désagrégation de la société contemporaine, la multiplication des ferments révolutionnaires, la haine et l'envie des petits, l'inquiétude et l'égoïsme des grands, les sombres perspectives, la tristesse et la mélancolie répandues sur ce siècle auquel Adam Smith avait promis le bonheur par la liberté.

Et pendant que les uns ébranlent le principe d'autorité en insistant sur la croyance erronée des socialistes, que l'État peut tout organiser ; les autres ébranlent le principe de liberté en insistant sur l'illusion des fanatiques de la liberté, s'imaginant que les individus peuvent se passer d'organisation.

Il est facile de montrer qu'aucune des deux écoles ne représente la vérité absolue, et n'est capable à elle seule de réaliser l'idéal auquel tendent les sociétés.

L'autorité est indispensable ; elle a pour écueil la routine ; mais elle a pour fondement indestructible la tradition ; pour caractéristique, le respect des choses respectables ; pour objectif, le bien-être, le calme, le repos et l'ordre.

La liberté est indispensable. Elle a pour écueil l'utopie ; mais elle est la condition de l'activité, du changement, du progrès, en un mot, de la vie. Chacun de ces deux principes a son domaine spécial : Quand on ne voit que les individus, on songe surtout à assurer le développement individuel et on recherche la liberté ; quand on ne voit que les masses, on songe surtout à régler leurs rapports, à équilibrer les forces, et on recherche l'autorité. Aussi, les individualistes glorifient la liberté, les socialistes ont foi dans l'autorité.

Au contraire, si on parvient à envisager à la fois et l'individu et la société, sans les sacrifier l'un à l'autre et en laissant à l'un et à l'autre sa vie propre, on conçoit aisément qu'il faut non pas opposer la liberté à l'autorité, mais les concilier dans un ensemble harmonique.

Et dès qu'on est arrivé à distinguer, dans la solution du problème, l'individu et la société, une nouvelle distinction s'impose, car la question doit être considérée différemment, suivant qu'il s'agit du domaine intellectuel et moral ou du domaine économique et social.

La liberté favorable aux individus est la source du progrès intellectuel et moral. C'est là sa vraie mission. Écoutons autour de nous. Jamais siècle n'a retenti de panégyriques plus superbes de la liberté. En ce moment encore, alors que le soleil de la liberté semble décliner à l'horizon, dans un ciel chargé de nuages, ses adorateurs opposent à ceux qui n'ont plus leur foi robuste, les merveilles que leur idole a enfantées, l'élan splendide de la pensée, de la science, de l'art, de la philosophie; la moisson radieuse due dans tous les domaines à la liberté de conscience, à la liberté des opinions, de l'association, des cultes, de l'enseignement. Ce sont là, en effet, des conquêtes définitives de la liberté. Lisez les plus illustres des apologistes modernes de la liberté, Humboldt ou Jules Simon, Stuart Mill ou Spencer ; ils la justifient d'abord d'une façon en quelque sorte négative en la mettant avec raison en regard de l'État de police, de son atmosphère étouffante, de ses vexations, de sa tyrannie stérile. Ils l'affirment aussi comme doctrine positive capable de produire le bien, et cette dernière thèse est surtout vraie en tant qu'elle s'applique au développement moral de l'humanité. Le pivot de la civilisation, c'est l'homme; le pivot de l'homme, c'est la volonté. Pour obtenir le maximum de force sociale, il faut laisser le maximum d'essor aux volontés. « Un chœur, a dit Fouillée, a d'autant plus de puissance que chaque voix est plus sonore. » Et il n'y a une vraie conscience nationale que là où il y a de vraies consciences individuelles.

Il importe donc d'assurer à l'homme la possibilité de se mouvoir librement dans la plénitude de son originalité et de ses facultés propres, et de trouver la situation qui convient le mieux à ses aptitudes. On ne fait éclore des natures vigoureuses qu'en encourageant la spontanéité; et la liberté seule aide à la circulation de la vie, à la variété des idées, à la formation des caractères.

A ce point de vue, la société la plus parfaite est celle où il y a « le moins d'action extérieure du pou- « voir sur les citoyens, le plus d'action interne du citoyen sur le dehors » [1], où l'expansion de l'individualité rencontre le moins d'obstacles; où la force qui oblige les citoyens à être conformes, à se modeler les uns sur les autres, d'après un type uniforme, est réduite à son minimum. Le despotisme donnera toujours à la mode une influence démesurée qui s'étendra aux dépens de toutes les qualités primesautières.

Le redoutable défaut de l'autorité, c'est que plus elle agit, plus elle a d'ambitions à satisfaire, plus elle inspire d'espérance et de crainte, et moins il y a dans

[1] FOUILLÉE, La science sociale contemporaine. Hachette. Paris, 1880.

l'individu de santé et de vigueur morales, moins il y a dans l'État de caractères bien trempés, moins il y a dans la nation de force créatrice, car « on ne fait jamais de grandes choses avec de petits esprits ».

Ici donc, la liberté apparaît comme la garantie du bonheur et du progrès. Il est évident que, sans elle, l'homme ne peut arriver à son complet épanouissement intellectuel et moral.

Mais si, pour que son individualité s'affirme, l'homme doit être libre, pour être libre il doit d'abord manger. Or, pour que le plus grand nombre possible d'individus aient à manger, la liberté n'est pas toujours suffisante.

Et, à son tour, l'autorité favorable aux masses est utile au progrès économique et social.

L'autorité venue tantôt d'en haut, tantôt d'en bas, existe depuis que des hommes se sont réunis sur la terre. Il y a toujours eu des supérieurs et des inférieurs, et l'on a toujours admis entre eux des liens de subordination. Dès l'origine, le père a eu de l'autorité sur les siens, le chef sur la tribu, le peuple conquérant sur le peuple conquis. Toujours les cellules cérébrales ont exercé une direction sur les centres inférieurs, toujours les foules ont reconnu la supériorité et le prestige du génie. Dans une société quelconque, démocratique ou aristocratique, le jour où il n'y aurait plus d'autorité, où les liens hiérarchiques seraient rompus, l'agitation chaotique succéderait à l'ordre et l'on marcherait à une dissolution certaine.

Le mal n'est point qu'il y ait une autorité et des chefs, mais, comme le dit Carlyle, que cette autorité et ces chefs soient inférieurs à leur mission et incapables de la remplir. L'autorité n'est pas un privilège et une faveur, mais une charge difficile. Elle doit donner la cohésion au corps social et assurer la protection à ceux qui le composent.

Une société, pour se passer d'autorité, aurait besoin de la discipline volontaire et permanente de chacun de ses membres, c'est-à-dire d'un degré de culture, de lumières, de vertu, d'esprit, de sacrifice, de moralité qui n'a pas encore été atteint dans ce monde.

Or, la vie sociale, telle qu'il nous est donné de la voir, étant un perpétuel conflit d'ambitions et d'intérêts, une opposition constante de classes ou d'individus, l'autorité puise précisément sa légitimité dans l'obligation de régler les antagonismes, de fondre les contrastes, de protéger le droit et la liberté du faible contre le caprice du fort, d'empêcher le triomphe des privilèges et de faire régner la justice.

Dans toute société, il y a un intérêt général dominant de haut les intérêts particuliers. Eh bien! l'autorité représente ce tout organique supérieur qui plane au-dessus des instincts égoïstes et au profit duquel un peuple doit savoir restreindre la liberté de chacun s'il veut arriver à la plénitude de sa puissance.

A mesure, d'ailleurs, que nous avançons dans l'histoire, l'autorité résume de plus en plus toute la force acquise à un moment donné, toute l'expérience léguée par le passé; elle conserve le capital accumulé et en fait profiter les générations nouvelles. Et si on peut confondre les adversaires de la liberté en traçant le tableau des progrès de l'esprit humain et en montrant

que l'histoire de ces progrès est l'histoire de la liberté,
on confondra également les adversaires de l'autorité
en exposant les résultats de son intervention dans la
législation, la justice, l'hygiène, la salubrité, la bienfaisance, l'ordre public, l'armée, les finances, les
rapports économiques, les routes, les habitations
ouvrières, l'émigration, etc., et en montrant combien
cette intervention a été souvent utile au relèvement du
niveau social.

Toutefois, même en assignant ainsi à la liberté et à
l'autorité leur domaine respectif, gardons-nous de
rien exagérer et ne croyons pas qu'il y ait dans l'un ou
l'autre de ces principes, considérés comme des abstractions, une sorte de vertu magique.

Chacun porte au contraire en lui un germe de mort.

Quand pour maintenir l'autorité on lui attribue trop
d'importance, quand sous prétexte de donner le bien-
être aux citoyens on veut régler toutes leurs actions,
on voit se dresser l'État de police. Les rouages administratifs remplacent les forces vivantes, la bureaucratie s'empare des destinées de la nation. Le gouvernement, loin d'être un instrument de cohésion et de
protection, devient un mécanisme sans âme, qui sert
aux forts contre les faibles, broie la société et détruit
l'esprit public. Il perd chaque jour davantage le sentiment du devoir et de la responsabilité, il devient
chaque jour plus arbitraire. De toutes parts éclatent
alors des protestations et des plaintes contre son intolérance, ses empiètements et ses abus. Le principe
d'autorité sombre au milieu des tourmentes révolutionnaires et, comme en 1789, les masses se ruent

contre lui avec une sorte de frénésie sauvage. C'est l'histoire des hontes du Bas-Empire, des excès de la monarchie absolue dans l'ancien Empire germanique et dans l'ancienne France, ce serait l'histoire de l'État collectiviste s'il parvenait à triompher. Quand, d'autre part, pour combattre ce qu'il y a de factice et de funeste dans l'absolutisme, on combat l'autorité elle-même; quand, au lieu de reconnaître ce qu'elle peut avoir de juste et de nécessaire, on la détruit et que l'on dresse contre elle le dogme absolu de la liberté, on s'égare encore.

La France, appuyée sur la théorie du contrat social, a tenté de fonder l'ordre politique exclusivement sur la notion abstraite de la liberté. Elle n'a jamais eu l'idée de la liberté organique. Avec Rousseau, elle a créé cette doctrine de la liberté qui, sacrifiant le présent à l'avenir, la stabilité au mouvement et plaçant sa confiance dans l'indéfinie perfectibilité de l'homme, ne laisse pas aux citoyens un moment de repos.

La société n'est pas toujours capable de se passer complètement de lisières; on peut les enlever avec précaution à mesure que la puissance interne du corps social se développe; mais les arracher brusquement quand on en a encore besoin, ce n'est pas donner aux hommes la liberté, ce n'est pas les débarrasser d'entraves gênantes : c'est les priver de tout point d'appui.

La liberté ainsi entendue, sans frein, sans contre-poids, ne produit que des déceptions. Elle est utile à quelques êtres supérieurs, mais nuisible à la masse des humbles; elle assure la toute-puissance d'une minorité d'élite, au détriment de la grande majorité qui végète dans l'ignorance et dans la misère. Sans l'égalité, et l'égalité n'existe pas, elle est l'exploitation des petits par les grands; sans la fraternité, et la fraternité est un idéal dont nous sommes bien éloignés, elle est l'abandon des petits par leurs semblables, elle est l'isolement et la souffrance.

Et même dans le domaine moral dont je parle plus haut, et où l'influence bienfaisante de la liberté est incontestable, il faut encore reconnaître que la liberté abstraite trahit les espérances de ses disciples lorsqu'ils s'imaginent qu'elle va à elle seule faire éclore les individualités.

Le XIX⁰ siècle est le siècle de la liberté, et pourtant il n'est pas le siècle des individualités. Celles-ci sont perdues dans la foule et les médiocrités les submergent. On peut invoquer à cet égard le témoignage d'un illustre penseur peu suspect, Stuart Mill lui-même, qui, dans un livre consacré à célébrer la liberté, source de l'individualité, est obligé de reconnaître, comme signe caractéristique de notre temps, une tendance à l'assimilation de tous les individus : « Jadis, écrit-il, les divers rangs, les divers « voisinages, les divers métiers et professions « vivaient dans ce qu'on pouvait appeler des mondes « différents. A présent, ils vivent tous à un très haut « degré dans le même monde, lisent les mêmes « choses, écoutent les mêmes choses, voient les « mêmes choses, vont aux mêmes endroits. Leurs « craintes et leurs espérances sont dirigées vers les

« mêmes objets, ils ont les mêmes droits, les mêmes
« libertés, les mêmes moyens de les revendiquer (¹). »

Et M. de Tocqueville, dans sa correspondance (²),
déplore « la mobile petitesse, le désordre perpétuel
« et sans grandeur du monde politique de son temps ».
Il parle « de la platitude qui va toujours croissant, de
« ce labyrinthe de misérables et vilaines passions ; de
« cette fourmilière d'intérêts microscopiques qui
« s'agitent en tous sens ». Il ne trouve plus « l'élan
« libre du cœur ; rien n'est jeune, même les plus
« jeunes ; il attend un homme ou un événement,
« quelque chose de plus grand que ce que nous voyons ».
Et cet observateur impartial d'une époque libre est
obsédé par la pensée de la décadence.

Assurément, la liberté est l'idéal et tous les efforts
des hommes doivent converger vers son épanouissement le plus complet.

Mais, au point de vue historique, le progrès (qui
est à la fois, nous l'avons vu, le passage du type inférieur au type supérieur et la participation du plus
grand nombre à la vie du type supérieur) est l'œuvre
et de la liberté et de l'autorité. Si l'on peut admettre
que dans le domaine intellectuel et moral le rôle de la
liberté a toujours été prédominant, il faut reconnaître
que, dans le domaine économique et social, la liberté
et l'autorité apparaissent, non comme des dogmes,
mais comme des étapes historiques se succédant avec
le rhytme éternel du flux et du reflux de l'océan. Il

(¹) Stuart Mill, *La Liberté*, 1860, chapitre III, *in fine*.
(²) Voir *Histoire de la monarchie de Juillet*, par Thureau Dangin,
t. VI, p. 60 et 61.

s'agit bien, suivant la comparaison déjà citée de Saint-Simon, du jeu du cylindre de pompe qui descend ou monte selon qu'il est à la base ou au sommet du tube aspirateur.

Les faits confirment cette manière de voir :

Chez les peuples encore mineurs, l'autorité a d'abord un rôle fécond ; elle vient au secours des faibles ; elle appelle à la vie les forces individuelles endormies ; elle élève le niveau moral et social. Puis, grâce à ce levier, les énergies s'affirment, les individus prennent conscience d'eux-mêmes et de leur valeur, la nation émancipée sent qu'elle peut marcher seule, et alors elle rejette tout support, elle nie toute autorité, elle n'a plus d'autre déesse que la liberté, jusqu'au jour où, désillusionnée et aigrie, elle essaye à nouveau de trouver dans la protection du pouvoir le bonheur qu'elle a en vain cherché en échappant à sa tutelle.

On justifierait déjà cette thèse en invoquant les réformes accomplies au xviiie siècle par le despotisme éclairé, en montrant que Frédéric le Grand, Catherine de Russie, Marie-Thérèse et Joseph II, Léopold de Toscane, Christian VII de Danemark, Charles III d'Espagne ne font que suppléer à l'initiative populaire affaiblie par les longues guerres continentales.

Mais il est surtout intéressant d'examiner à ce point de vue l'histoire économique de la France et de l'Angleterre.

En France, la législation industrielle de Colbert ou le régime mercantile, c'est l'autorité réglementant le travail, planant au-dessus des partis et veillant aux intérêts économiques, sans sacrifier les ouvriers aux patrons, sans qu'on puisse la taxer d'injustice ou de tyrannie.

Il n'y a pas à le nier, l'autorité en jouant, de 1666 à 1673, un rôle prédominant, a été réellement bienfaisante. Par un système de primes, d'avances, de monopoles, par la création de types et de modèles, elle a stimulé les aptitudes et suscité les efforts. La France était encore incapable de faire surgir le progrès de l'activité spontanée des particuliers; Colbert lui fournit le moyen de lutter avec l'Espagne et les Pays-Bas pour la draperie et la toile; avec le Brabant pour la dentelle et Venise pour les glaces; avec l'Angleterre pour la bonneterie, et l'Allemagne pour les armes.

Et personne ne songeait à se plaindre d'une ingérence gouvernementale qui apportait au pays le bien-être.

Peu à peu, cependant, les industries créées par le pouvoir se sentent assez solides pour se passer de lui et commencent à supporter avec impatience son poids écrasant; d'autre part, l'État qui est partout, prescrivant qui produira, comment on produira; l'État qui a pris l'habitude de décider de tout et de tout diriger, ne reste pas à la hauteur d'une tâche chaque jour plus étendue. Non seulement, il ne parvient pas à maintenir la prospérité, non seulement il ne réussit pas à empêcher le mal, mais il devient nuisible, il protège surtout les privilèges, le monopole, les abus féodaux; après avoir créé l'unité de la France et la richesse de la France, il devient la source de la misère du peuple qui le charge de malédictions.

Dès lors, on assiste à la réaction légitime de la liberté contre la réglementation.

La théorie mercantile avait voulu faire jaillir la fortune du sol par des moyens artificiels et y avait d'abord réussi. Le jour où, les conditions étant changées, les moyens employés ne peuvent plus rien produire, l'on se rejette de l'autre côté, sur l'ordre naturel. Les physiocrates proclament que l'on doit s'en remettre au cours naturel des choses; Turgot réclame l'abrogation de toutes les restrictions légales, et la conscience populaire est avec lui. L'économie politique ne reconnaît plus à la civilisation qu'un seul moteur : la liberté. Il faut laisser agir les hommes librement, et de nombreuses générations dans la France du XIXe siècle acclament cette doctrine.

Mais, encore une fois, après avoir été un instrument de délivrance, elle devient un instrument d'oppression. Elle est surtout favorable à la classe moyenne qui, plus instruite et plus riche, plus active et plus puissante, l'utilise à son profit. Elle ne fait rien pour les misérables dont elle surexcite les appétits sans les satisfaire, et, contenant en elle tout ce qu'il faut pour éveiller les passions violentes, elle ne possède rien pour les désarmer. Aussi voyons-nous, vers 1840, apparaître le socialisme comme l'idéal que les classes populaires opposent à l'idéal bourgeois de la liberté. Et les disciples de Saint-Simon ou de Fourier, de Pierre Leroux, de Cabet, de Buchez, de Proudhon, de Louis Blanc, etc., forment, jusqu'à l'heure actuelle, une armée grandissante qui s'éloigne de la liberté et se reprend à tourner ses regards vers l'État.

L'exemple de l'Angleterre est tout aussi frappant : l'Angleterre, jusqu'au xviiie siècle, vit sous le statut d'Élisabeth de 1562, dit « loi des apprentis ». Le statut réglementait à outrance les rapports économiques : il obligeait le citoyen désireux d'exercer un métier, à sept ans d'apprentissage; il fixait pour chaque chef de ménage la proportion des apprentis et des compagnons, et la durée du contrat de travail. Il limitait les heures de travail. Il chargeait le juge de paix de la localité de déterminer tous les ans le taux des salaires dans chaque métier et de trancher les différends relatifs au travail.

La législation ouvrière de 1562 était assurément autoritaire. Elle empêchait le citoyen rebelle à ses dispositions d'exercer une industrie. Elle donnait, par contre, une grande sécurité aux autres. Quel que fût l'état du marché, on avait la certitude de travailler d'une façon régulière, pour un salaire convenable et sans surmenage. Aussi personne ne ressentait la privation de la liberté, et le code d'Élisabeth, répondant aux besoins des ouvriers et des petits patrons, était-il accepté par tous. Car l'Angleterre ne connaissait que la petite industrie, et la petite industrie avait bien plus besoin de protection que d'indépendance.

Toutefois, ici aussi, une transformation va s'opérer dans les faits et dans les idées. Le statut d'Élisabeth est en rapport avec une organisation sociale dont les signes distinctifs sont : la petite propriété, une classe rurale et moyenne indépendante; l'industrie domestique; les fonctions locales exercées gratuitement par la noblesse et la gentry.

Or, au xviii° siècle, tout cela change; la petite propriété est refoulée par le capital qui se constitue; la
classe rurale et la forme familiale et domestique de
l'industrie s'évanouissent au profit de la classe com-
merçante urbaine et de la grande industrie. Des
hommes qui n'ont jamais passé par l'apprentissage
imposé par le statut d'Élisabeth, mais qui ont des
capitaux à leur disposition, construisent de vastes
fabriques, y installent des machines coûteuses et y
appellent des légions d'ouvriers. Les autorités sont
impuissantes à appliquer les anciens règlements, à
intervenir dans la fixation des salaires, et les industriels, dont la prospérité grandit, ne voient plus dans
cette réglementation qu'un obstacle dont il faut se
débarrasser à tout prix.

Le respect de la loi d'Élisabeth a été pendant deux
siècles le bouclier de la petite industrie ; sa violation
seule rend possible au xviii° siècle l'essor de la grande
industrie. Et c'est là où on l'applique le moins que le
progrès est le plus marqué. L'origine de la situation
florissante de Birmingham et de Manchester se trouve
dans la circonstance que les vieux règlements y étaient
complètement tombés en désuétude ([1]).

Et, en même temps que les industriels armés du
capital et de la science luttaient contre la législation
qui représentait pour eux la routine, la réaction, le
monopole, ils pouvaient se réclamer de la doctrine de
la liberté qu'Adam Smith apportait au monde comme
le remède à tous les maux dont on souffrait.

([1]) BRENTANO, *Das Arbeits-Verhältniss gemäss dem heutigen Recht.*
Leipzig, 1877, p. 50.

La théorie d'Adam Smith qui, depuis 1814, date de l'abolition de la loi sur les apprentis, a inspiré les classes dirigeantes non seulement en Angleterre, mais aussi sur le continent, est le fondement de l'économie politique classique. L'État doit s'abstenir; l'industriel doit être libre d'obéir à ses tendances, d'user de ses facultés, d'exercer ses aptitudes. De cette façon, chacun contribue le mieux au bien général. Le bonheur résulte de la liberté individuelle, de la libre concurrence, du jeu régulier de la loi de l'offre et de la demande. Il faut laisser faire et laisser passer. On est aux antipodes de Colbert. Pour Colbert, l'ingérence des gouvernements provoque le progrès; pour Adam Smith, leur ingérence arrête le progrès, et lui ne l'attend que du cours naturel des choses.

Le revirement est de nouveau absolu. Mais les conditions du phénomène restent invariables. En Angleterre comme en France, le passage de l'autorité à la liberté est favorable aux grands, défavorable aux petits; l'émancipation des grands industriels a pour contre-coup la dépendance et la misère de la classe ouvrière, de ceux qui sont trop faibles, trop isolés pour se servir de la liberté.

Aussi en France, en 1776, les ouvriers font éclater leur joie à la publication de l'édit de Turgot qui abolit les jurandes, et Louis XVI peut dire : « Il n'y a que Turgot et moi qui aimons le peuple. » En Angleterre, en 1814, les ouvriers résistent à la suppression de la loi d'Élisabeth. C'est que la France de 1776 n'avait pas de grands industriels capables d'abuser de la liberté contre les petites gens, tandis que l'Angleterre de 1814, l'Angleterre de Hargreaves, de Arkright, de Watt était déjà un pays de grande industrie et les masses sentaient le besoin de la protection.

Brentano montre parfaitement que la réglementation méticuleuse de 1562, désormais gênante pour les capitalistes, avait régularisé pendant des siècles le sort des ouvriers ([1]) et que lorsque cette réglementation disparaît, la destinée de ceux-ci s'assombrit : leur vie si paisible devient incertaine, difficile, cahotée; l'apprentissage est détruit; les nécessités de la concurrence obligent les employeurs à faire travailler les femmes et les petits enfants; à prolonger outre mesure la durée du travail, à avilir le salaire jusqu'au niveau dérisoire du salaire de famine; les heures et le prix du travail sont soumis à des soubresauts continuels; l'hygiène, la salubrité, la santé, la moralité, l'instruction, la famille, tout est sacrifié au succès de l'entreprise. Les prolétaires, privés de toute vraie joie sociale, végétant dans la misère, forment peu à peu au milieu des Anglais une nation à part, haineuse, envieuse, redoutable, qui en arrive à maudire la liberté. Et avec la continuité d'un mouvement mécanique de pendule, les esprits oscillent de nouveau du côté opposé; ils font appel aux pouvoirs publics; ils obtiennent la limitation des heures de travail; une loi sur la législation des fabriques; une loi sur la construction des maisons ouvrières, sur l'instruction obligatoire; une extension de l'intervention administrative; des lois sur l'organisation de la justice, sur l'épargne,

([1]) Brentano, *Arbeits-Verhältniss gemäss dem heutigen Recht.* 1877, p. 51.

sur les droits des fermiers contre leurs propriétaires, la législation industrielle se développe, et bientôt malgré ses traditions locales, malgré son organisation, l'Angleterre des Cobden, des Brougham, des Bright et de la doctrine de Manchester passe au chartisme d'abord, au socialisme ensuite, et possède bientôt des théoriciens tels que les Hyndman, les Arch, les Burns qui, bien loin de destituer l'État, veulent lui abandonner la direction complète de la vie sociale.

Si de l'organisation industrielle nous passons à l'organisation de l'assistance et de la charité et à la lutte contre le paupérisme, qui est en définitive le nœud de la question sociale, nous voyons que dans ce domaine également, les hommes ont toujours incliné de l'autorité à la liberté. Et l'histoire nous montre le lien intime et constant qui s'établit entre la liberté de la charité et la liberté industrielle, d'une part, entre l'assistance légale et la réglementation économique, d'autre part (¹). L'association d'idées est naturelle et facile à comprendre. Quand l'autorité asservit le citoyen, quand elle lui enlève l'indépendance et la responsabilité, elle en fait un mineur, un incapable, et elle assume à son égard un devoir de protection ; elle lui doit le secours dans l'indigence ; celle-ci devient une dette de l'État qui prend aux riches pour nourrir les pauvres. Quand au contraire le citoyen est émancipé, il est responsable ; puisqu'il est libre, per-

(¹) *De l'assistance dans les campagnes*, par ÉMILE CHEVALIER. Paris, 1889. — *Die Arbeiter-Versicherung*. BRENTANO. Leipzig, 1879 (p 31 à 86).

sonne n'a à s'occuper de lui; son indigence est le résultat de son inconduite, de son imprévoyance ; elle ne crée aucune obligation d'assistance; tout au plus peut-elle inspirer les cœurs compatissants qui doivent pourtant se garder d'encourager le vice et de multiplier les bouches inutiles.

L'empire romain a l'esclavage et la clientèle. Aussi le paupérisme y devient une institution légale et Rome nourrit les indigents. Sous Valentinien, elle fournit aux assistés 90,000 livres de pain par jour et affame les provinces au profit d'une armée de fainéants.

Après avoir subi le développement du paupérisme par l'autorité, l'Europe subit le développement du paupérisme par la liberté.

Le christianisme émancipant le travail, l'assistance comme devoir de l'État disparaît. Mais l'Église sanctifie la pauvreté, lui donne un appui dans les ordres mendiants et contemplatifs, fait de la charité un devoir religieux et, par un excès de fraternité, accroît le nombre de ceux qui cherchent à vivre sans travailler. Il y a dans la marche en avant de la misère deux points d'arrêt : la féodalité et la corporation. Car le seigneur féodal comme le règlement corporatif, en restreignant la liberté du travailleur, lui donne en échange le pain quotidien et la protection contre l'adversité. Cependant les liens féodaux se relâchent, les liens corporatifs se rétrécissent, le patronage et l'assistance mutuelle s'effacent; le serf affranchi et l'ouvrier libéré deviennent des mendiants; ils se multiplient; ils affluent autour des églises, des couvents, des ordres religieux, des institutions charitables; et la Réforme trouve devant elle un monde à peu de chose près aussi affaibli, aussi dégradé par l'aumône que celui que Rome avait légué à l'Église.

Le danger était grand. L'État entre en scène. En même temps qu'il détruit les organismes locaux et met l'industrie en tutelle, il s'empare du soin et de la protection des pauvres. En Angleterre, les lois de Henri VIII, d'Édouard VI et d'Élisabeth avec la taxe des pauvres, en France, les réformes du chancelier de l'Hôpital, l'ordonnance de Moulins et les taxes levées par les princes sont la revanche de l'autorité.

En Angleterre surtout, le mouvement a eu une grande netteté. Le pouvoir prend ses précautions et procède avec méthode. Il a compris que le tort de la charité impériale et de la charité religieuse était de confondre dans ses largesses les méritants et les vicieux; il essaye de distinguer : il fait preuve d'une impitoyable rigueur envers les vagabonds rebelles au travail qui, à la troisième rechute, sont exécutés; il se montre paternel envers les invalides et les vrais pauvres, auxquels il procure tantôt *la licence* ou autorisation de mendier, tantôt des secours, tantôt un refuge dans une maison de travail; et il établit, pour subvenir aux dépenses nécessaires, la taxe obligatoire des pauvres. On connaît l'échec de la loi des pauvres; on sait les charges effroyables qu'elle fit peser sur l'Angleterre; en 1817, la taxe s'élevait déjà à 8 millions de livres! Et, preuve évidente de la connexité reliant la charité légale à la réglementation industrielle, sous Georges IV, la taxe des pauvres servait à fournir des suppléments de salaires aux ouvriers agricoles ne gagnant pas assez pour payer le prix des subsistances.

Ainsi l'autorité qui avait voulu séparer les pauvres des paresseux, ne savait même plus distinguer le travailleur de l'infirme, et tous, valides ou invalides, étaient poussés à ne plus compter que sur elle.

A la fin du xviii° siècle, le paupérisme était toujours là, répandu sur l'Europe comme à l'aurore de la Renaissance, plus menaçant même peut-être, car il était moins résigné. La liberté reprend son empire. La grande industrie, d'ailleurs, la réclamait et prêtait une oreille attentive et complaisante aux théories de Malthus démontrant que taxer les riches pour nourrir les pauvres, c'est accroître la pauvreté, favoriser la paresse et contrarier la nature. D'après Malthus, le pauvre arrivant dans un monde trop peuplé pour lui fournir du travail est un intrus qui n'a qu'à partir. Il faut laisser agir librement les lois naturelles. Sans aller aussi loin que Malthus, les théoriciens de la liberté ont imprégné notre siècle de leur doctrine ; rejetant les lois révolutionnaires, le droit à l'assistance, le droit au travail et les ateliers nationaux, ils ont cru à la bonté et à la puissance de l'homme libre ; ils ont mis leur espoir en lui ; ils ont entrevu une société modèle où, grâce à lui, on allait enfin être heureux ; ils ont cru fermement à l'idée qu'il fallait, dans le domaine de la charité, intervenir le moins possible ; ils ont répété avec lord Brougham : « Toute « tentative humanitaire pour élever le prolétariat est « une atteinte à la loi naturelle d'assainissement qui, « par l'augmentation de la mortalité, conduit à l'élé- « vation des salaires. »

On connaît le résultat de leur système : en cinquante ans, presque partout le vagabondage et la mendicité ont doublé et même triplé. Et comme aux jours inquiétants de la décadence latine, comme aux jours troublés du déclin de la féodalité, comme aux jours sombres de la guerre de Trente ans, comme aux approches de la Révolution française, on entend de nouveau ce que Louis Blanc appelle : « le bruit sourd de l'armée permanente de la misère ».

L'Europe penchée du côté de la liberté se recourbe du côté de l'autorité. Les assurances ouvrières obligatoires du prince de Bismarck, qui mettent entre les mains du pouvoir des forces considérables, sont une hardie tentative de faire résoudre par l'État la question du paupérisme. Et de son côté, le socialisme laisse entrevoir aux masses l'État de l'avenir où l'autorité, chargée de la production et de la répartition des richesses, fera disparaître la misère.

Jusqu'à présent, il semble donc que ces périodes alternatives d'autorité et de liberté soient inévitables. La société humaine est un organisme qui doit s'adapter à des besoins toujours nouveaux. La vie circule sans interruption. Tel ordre de choses nécessaire un jour à la croissance d'un peuple devient un obstacle à son développement ultérieur ; tel système d'instruction qui avait fait jaillir les idées les étouffe ; tel système de gouvernement, jadis sauvegarde de la nation, devient une menace pour son existence.

La liberté est l'idéal. Thomas Morus, dans son Royaume d'Utopie, la présente avec raison comme le but suprême de toutes les nations. La société la plus

parfaite que l'on puisse rêver est celle qui combine-
rait le minimum possible de contrainte avec le maximum possible d'individualité. Mais si nous prenons
les hommes tels qu'ils sont, nous devons reconnaître
que jusqu'à présent, dans le domaine économique,
politique et social, toujours la liberté a été utile aux
forts, l'autorité aux faibles. Et à ce point de vue la
réaction du socialisme contre la doctrine de Manchester est aussi compréhensible que la réaction de la
doctrine de Manchester contre le régime mercantile.

L'humanité arrivera-t-elle un jour à ce niveau de
perfection suprême rêvée par les philosophes où la
discipline spontanée et volontaire de chaque être
répondra à tous les besoins sociaux? Nous n'en savons
rien. Mais au lieu de poser cette question insoluble,
demandons-nous s'il n'y a pas moyen de diminuer la
fréquence et l'intensité des ondulations alternantes de
liberté et d'autorité. S'il n'est pas possible de réduire
l'amplitude des oscillations qui nous lancent sans cesse
d'un extrême à l'autre. On a tort de faire croire aux
hommes qu'ils doivent choisir entre deux principes
absolus et inconciliables. Il ne s'agit nullement de
savoir si le monde sera entièrement livré à la liberté
ou complètement abandonné à l'autorité. Il faut simplement savoir si nous irons toujours de la liberté
désorganisée à l'autorité centralisée.

Quand on confond la liberté avec l'atomisation,
l'autorité avec la centralisation, il est bien naturel
que l'opposition entre les deux notions paraisse irréductible et que l'on en arrive à prononcer contre l'une
des deux une condamnation irrévocable.

Mais les termes du problème sont mal posés.

Ce qui est redoutable, c'est non l'autorité, mais l'autorité centralisée. Le gouvernement local est loin de présenter les inconvénients de l'État unitaire.

Ce qui est dangereux, ce n'est pas la liberté, c'est l'isolement dans la liberté. Car si de la liberté organisée il y a tout à attendre, de l'individualisme excessif il y a beaucoup à craindre, et Aristote disait il y a longtemps : « Pour vivre seul, il faut être ou une brute ou un Dieu. » L'excès d'individualisme et l'excès de centralisation ont causé des ravages qu'il serait profondément injuste d'attribuer à la liberté elle-même ou à l'autorité.

L'époque présente souffre de la fragilité de cette double conception : un État tellement centralisé qu'il en devient une abstraction en face d'individus tellement isolés qu'ils n'ont plus rien de vivant.

Humboldt, dans son livre : *Essai sur les limites de l'activité de l'État;* Jules Simon, dans son ouvrage : *la Liberté;* Ducpétiaux, dans son étude : *la Mission de l'État,* ont tour à tour fait ressortir les dangers de la centralisation. Ils ont montré comment l'État centralisé conduit à l'uniformité; comment en remédiant par des mesures uniformes à un mal déterminé il risque d'en faire naître un autre dans une autre partie du corps social et finit par sacrifier un groupe quelconque aux intérêts, au bien-être du groupe qu'il protège. Ils ont fait voir comment, amené à s'occuper des choses et d'individus toujours plus nombreux, il en arrive à créer sans cesse de nouveaux rouages, à faire sans cesse de nouvelles dépenses qui nécessitent de nouveaux impôts; ils ont insisté sur l'extension progressive de la bureaucratie; ils ont rappelé les cadres administratifs, enrégimentés militairement, entretenus aux moyens de ressources obligatoires, nommés par des raisons de parti, privés de l'aiguillon de la concurrence, du contrôle de la publicité, de l'espoir de la fortune, et les gouvernements rappetissant les hommes pour en faire des outils d'abord inutiles, ensuite nuisibles.

Ces critiques ne sont pas dénuées de tout fondement. Seulement, qu'on veuille le remarquer, elles retombent non sur l'autorité, mais sur la centralisation.

Elles appellent comme remède non l'anarchie, mais la décentralisation.

A mesure que la civilisation se développe, le rôle de l'Etat croît en importance et en difficulté. Et alors, pour qu'il puisse agir efficacement, il est de plus en plus indispensable que l'autorité soit localisée et descende des sommets dans des organismes multiples. Il ne faut donc pas dire : L'Etat doit préparer sa destitution. Il faut proclamer que l'Etat doit préparer sa décentralisation. La décentralisation est la seule expression de l'autorité qui concilie l'ordre et la démocratie et empêche celle-ci de devenir la tyrannie d'une majorité.

Nous devons, au milieu des difficultés qui nous assiègent, tendre à l'organisation de la liberté. Voilà dans quel sens il faut admettre la réglementation et dans quelles bornes il faut la contenir. La réglementation, d'ailleurs, n'est pas un principe bon en soi; elle est simplement un moyen transitoire de rendre les faibles plus libres et les puissants plus justes. Elle ne peut arriver à son but qu'à condition d'être localisée.

Telle est la raison qui place la décentralisation au premier rang des préoccupations publiques. Alors que l'économie politique classique repousse en toute chose et que le socialisme recherche en toute chose l'intervention de l'État, il est de la plus haute importance de rechercher dans quelles limites et de quelle façon l'État peut intervenir pour garantir et non pour étouffer le développement de l'activité individuelle.

CHAPITRE III.

La décentralisation et le gouvernement local.

———

Les causes du triomphe de la centralisation se trouvent dans le droit romain et dans la situation économique de l'Europe à la Renaissance. La démocratie a centralisé comme la monarchie. La vie locale fait défaut. L'absentéisme. La solution des difficultés actuelles est dans le gouvernement local. Exemples de l'Amérique, de l'Angleterre, de la Suisse, des anciens Pays-Bas. Utilité de la décentralisation dans l'ordre politique et économique, dans l'organisation de la justice, de l'instruction et des lettres, dans le système fiscal, dans le domaine de la bienfaisance, dans le domaine philosophique et religieux.

Le caractère unitaire de notre civilisation nous vient de Rome. Les Césars nous ont légué le type d'une autorité dégagée des réalités historiques, détachée de la vie sociale, vivant au-dessus et en dehors de la nation, absorbant à son profit tous les droits collectifs ou individuels. Ils écartent les citoyens de la vie publique; ils veulent le monopole du gouvernement; ils entendent exercer, à l'exclusion de tous, une mission de tutelle; ils s'arrogent le droit de tout prévoir, de tout diriger, de pénétrer partout, d'agir pour le bien général, de régler les moindres détails de l'organisation politique, au moyen d'une administration

uniforme reflétant les impulsions d'en haut et faisant
respecter d'un bout à l'autre de l'empire la volonté du
maître. Ils suppléent ainsi, par un mécanisme coû-
teux, aux forces naturelles de la nation et aboutissent
au rêve grandiose d'un prince tenant, du haut du
Capitole, l'univers dans sa main.

C'est la centralisation, fleur gigantesque de la culture romaine, qui, à Rome, s'épanouit sans obstacles,
mais, au seuil du moyen âge, va se trouver aux prises
avec les éléments d'un État fondé sur des principes
tout différents, antithèse complète de l'Imperium.

Cet État ne se rattache plus en rien aux souvenirs
de la puissance romaine ; il plonge ses racines dans
les communautés primitives franques, germaniques
ou anglo-saxonnes ; les antiques Landsgemeinde, les
tribus, les centaines, les townships fournissaient
l'image de petits gouvernements politiques, judiciaires,
économiques, grâce auxquels la nation, agissant par
elle-même, n'avait pas à déléguer ses pouvoirs à une
autorité centrale. Chacun, dans son groupe, faisait
l'apprentissage de la vie publique ; chacun participant
à l'action collective, participait aussi à la décision
collective ; chacun était juge et soldat, législateur et
administrateur, gouvernant et gouverné. Du chef au
dernier des hommes libres, il y avait une circulation
ininterrompue d'énergie, un enchaînement continu de
droits et de devoirs. Et peu à peu, qu'il s'agisse de
l'Église ou de la féodalité, des campagnes ou des
villes, partout l'on rencontre des catégories d'individus liés par la communauté des intérêts locaux et
des passions locales, arrachés à l'isolement qui

atrophie, au pouvoir qui opprime, et mis à même de
se développer dans leur milieu naturel. Les libertés
locales les rapprochent et leur font sentir qu'ils ont
besoin les uns des autres, tandis que l'exercice hono-
rifique des fonctions locales leur donne la maturité et
la considération.

La souveraineté qui émane de tels groupes ne crée
plus artificiellement un mécanisme bureaucratique;
elle est la synthèse des forces organiques populaires;
elle ne plane plus au-dessus du peuple, mais se confond avec lui. Ici comme dans le droit privé, l'idée
sociale s'oppose à l'idée romaine : Rome, qui a produit l'individualisme, a aussi produit le pouvoir
absolu et la centralisation administrative; l'idée
sociale du moyen âge, mère de la corporation, a donné
naissance au gouvernement local et aux magistratures
populaires. D'un côté, une administration toute-
puissante gouverne au nom du maître; de l'autre, la
nation se gouverne elle-même, en répartissant les
fonctions gouvernementales dans les différents organismes sociaux.

C'est la décentralisation qui, à l'encontre du césarisme, garantit l'indépendance locale; dans chaque
groupe, elle appelle le plus grand nombre au contrôle
des intérêts publics et fait participer les meilleurs et
les plus aptes au maniement des affaires et à l'exercice
des fonctions.

Ce qui a manqué au moyen âge, c'était l'unité; ce
qui aurait pu sortir du moyen âge, s'il avait par un
développement régulier donné ce qui était en lui,
c'était la consécration définitive des libertés locales.

Malheureusement, tout a été sacrifié au triomphe de la conception centralisatrice, et la structure fédérative de la société avec sa hiérarchie d'organes et d'unités intermédiaires, d'ordres, de provinces, de communautés rurales et urbaines, de corporations, de métiers, tombe en poussière devant l'irrésistible poussée de la monarchie unitaire.

L'État moderne, avec ses défauts, étant le rejeton de l'État romain, il est naturel que la centralisation soit due à des causes identiques à celles qui ont produit l'individualisme; à mesure que les légistes aidaient à affaiblir et à dissoudre les groupes sociaux, ils aidaient à construire et à fortifier l'autonomie centrale, et à mesure que les individus se sentaient plus isolés, ils tournaient avec plus d'inquiétude leurs regards vers le pouvoir central. Ce sont les légistes, tout pénétrés de la culture antique, qui préparent en Europe l'idée de l'unité, de l'autorité distincte de la nation, et investie, au sommet, de la mission d'assurer le bien-être public. Ce sont les légistes qui, en Allemagne, prêtent leur appui à la dynastie des Hohenstaufen; qui, en France, soutiennent les aspirations de Philippe le Bel et de Louis XI, de Richelieu et de Louis XIII; en Belgique, fournissent des armes à l'ambition des ducs de Bourgogne; en Espagne, se font les auxiliaires de Philippe II. Grâce à leur influence, la notion d'un État exprimant d'une façon concrète et réelle la conscience populaire et le droit vivant, s'évanouit devant la notion d'un État créateur du droit et réalisant le bonheur universel au moyen de gros revenus qu'il demande aux masses.

A leur tour, les théologiens, les philosophes et les poètes, Thomas d'Aquin ou Occam, Marsile de Padoue ou Dante, rapportant tout à une source divine unique, et proclamant le principe : *Multitudo derivatur ab uno,* font prévaloir, au milieu de la complexité du moyen âge, la simplicité d'une monarchie centralisée. Les humanistes comme Æneas Sylvius, Patrice de Sienne, cherchant leurs exemples dans l'histoire romaine, imitent les théologiens et propagent la même théorie.

Enfin, la transformation économique de l'Europe achève de détruire le gouvernement local et d'étendre le vaste outillage dont toutes les parties reçoivent uniquement leur impulsion d'en haut. A la vie sociale organique succède la vie individuelle mécanique ; l'apparition de la fortune mobilière et de l'industrie supprime les rapports patriarcaux, les citoyens ne consacrent plus leur temps à la chose publique, les charges locales exercées gratuitement, en accomplissement d'un devoir social, disparaissent : elles sont remplacées par des fonctionnaires salariés, nommés par l'État et payés au moyen de l'impôt. Ces agents techniques, élevés loin de ceux qu'il faut administrer, finissent par former un corps spécial et permanent, distinct du peuple, et, à mesure que de nouveaux besoins surgissent, de nouvelles places doivent être créées, et l'absolutisme se développe. Après le xvᵉ siècle surtout, les progrès de la centralisation sont continus et rapides. La royauté brise les dernières résistances des grands ; la guerre de Trente ans brise les dernières résistances des petits ; le traité de Westphalie consacre la souveraineté territoriale des princes, et quand

toutes les fonctions sociales ont été absorbées peu
à peu par l'État, Louis XIV faisant un dernier pas
encore, refusant la convocation des États généraux,
supprimant les assemblées provinciales et la vie
municipale, concentre toutes les fonctions de l'État
en sa personne.

Lorsqu'à Versailles on se trouve sur la grande ter-
rasse, au pied du château, ayant, derrière soi, le long
développement des bâtiments de Mansard et, devant
soi, le parterre d'eau, le tapis vert et le grand canal,
on comprend, mieux que jamais, l'influence de la
centralisation sur l'esprit public, la littérature et les
mœurs. Après la profondeur de l'art gothique, cherchant l'harmonie et la souveraine beauté, non dans la
symétrie géométrique, mais dans l'intensité du sentiment, dans la splendeur des proportions, dans l'infinie
variété de détails, dont l'ensemble converge vers un
but commun; après la robuste floraison de la Renaissance, son éclat, sa richesse, son exubérance de vie,
de pensée, d'imagination, ses aspirations ardentes
vers une nature plus joyeuse et une humanité plus
libre, voici que se dresse un art sec, compassé, uniforme, rectangulaire, d'une régularité et d'une mono-
tonie désespérantes. On l'a revêtu de pompe et de
magnificence; on a entassé les ors et les marbres; sur
le fond des allées architecturales se détache la blan-
cheur des statues; dans les bassins, les dieux et les
naïades émergent des eaux tranquilles. Mais rien ne
parle à l'âme ou aux sens. Partout l'on se heurte à la
ligne droite, à l'inflexible logique de l'unité classique,
au nivellement universel qui, après avoir mutilé la

nature même, étouffe les esprits et les cœurs et abaisse l'homme et la société

Une fois lancée sur la pente de la centralisation à outrance, la France ne s'est plus arrêtée et a entraîné avec elle le continent. 1789 a continué, à ce point de vue, le siècle de Louis XIV, comme l'Empire a continué la Révolution, comme le xixᵉ siècle a continué l'Empire. Et, ensemble, ces trois derniers siècles ne sont, sous des formes diverses, que le reflet et le prolongement du siècle d'Auguste, c'est-à-dire du système qui, faisant de la nation une pâte molle, permet au législateur de la découper en tranches et à un soldat de fortune, de l'égarer et de l'enchaîner à son char.

Les cent ans qui viennent de s'écouler nous apprennent cependant quelque chose de plus encore : ils nous montrent clairement que, pour empêcher les abus du pouvoir central, il ne suffit pas de le démocratiser. La France a renversé du trône le monarque absolu ; elle y a installé le peuple ; elle a appris à ses dépens que la centralisation peut être aussi funeste quand elle est aux mains du peuple que quand elle est aux mains du roi. Et si un souverain absolu, comme Marie-Thérèse, Frédéric le Grand ou Léopold de Toscane, ne fait pas nécessairement le mal, une assemblée absolue ne fait pas nécessairement le bien. La Convention n'a pas mieux que Louis XIV respecté les libertés locales. Elle n'a pas exercé une moindre contrainte sur cette partie de la nation uniquement désireuse de vivre à l'abri des agitations. Elle n'a pas reculé davantage devant les obstacles opposés à la réalisation de ses volontés.

Que signifie, d'ailleurs, dans le système centralisateur, le gouvernement du peuple par lui-même, sinon le gouvernement de la majorité ou de ceux qui se font accepter comme majorité? Et pourquoi le despotisme majoritaire ne serait-il pas redoutable à l'égal du despotisme d'un seul? On peut même, avec Stuart Mill, soutenir qu'il est plus dangereux; car, fort de son caractère démocratique, il se croit autorisé à pénétrer plus avant dans tous les domaines, et, se fondant sur l'origine populaire du pouvoir, il n'hésite pas à lui donner un maximum d'attributions, si bien que la démocratie est plus exposée que tout autre régime à exagérer les effets du gouvernement unitaire.

Ainsi, quand la démocratisation s'ajoute à la centralisation, tous les appétits étant éveillés en même temps, sans qu'il y ait de responsabilité nulle part, il se produit une lutte à outrance où ce ne sont ni les meilleurs ni les plus capables qui l'emportent. La multitude n'ayant pas appris par la pratique du gouvernement local à se servir de la liberté, ne sait ni se modérer ni se recueillir; elle applique, dans la vie publique, l'opinion que tous nous sommes tentés d'appliquer dans la vie privée, à savoir que chacun devrait agir comme nous-mêmes; elle devient peu à peu intolérante et sectaire, et le niveau social s'abaisse graduellement avec les âmes et les caractères.

Mais si le remède n'est pas dans la démocratisation, est-il peut-être dans l'affaiblissement de l'État? De nombreuses écoles, depuis les Girondins jusqu'aux économistes classiques, ont réagi contre la théorie du pouvoir fort, et essayé de restreindre de plus en plus le domaine de l'État en proclamant que l'État devait préparer sa destitution.

Qu'ont-elles produit?

S'il suffisait d'énerver l'autorité pour assurer la marche régulière de la société, nous aurions atteint le point culminant de la civilisation. L'histoire moderne, en effet, nous fait assister à la dissolution progressive de l'idée de l'État; monarchie de droit divin, monarchie constitutionnelle, monarchie parlementaire, souveraineté des assemblées démocratiques, souveraineté des individus, telles sont les étapes de ce recul continu. La monarchie parlementaire est déjà une réaction contre l'absolutisme. Le parlement a pour but d'abord d'abaisser, ensuite d'absorber la royauté. Le roi ne peut plus rien sans le parlement. La majorité parlementaire asservit le pouvoir; elle lui impose les lois, les nominations, les dépenses, et balaye ce qui lui résiste. Puis le parlement, après avoir battu en brèche la royauté, est lui-même battu en brèche par la multitude. Le gouvernement doit se faire modeste, s'effacer, agir le moins possible, piétiner sur place, se résigner au rôle de veilleur de nuit. Et il devient instable.

Il est à la merci des passions de la foule. Il donne (voyez, par exemple, en France, à la fin du règne de Louis-Philippe, au moment des procès scandaleux de Teste, de Cubière, du duc Praslins) le spectacle de l'autorité en proie aux soupçons haineux, aux erreurs, aux préjugés, à l'envie, et finissant par sombrer dans la tourmente.

On admet désormais que le pouvoir doit se retremper dans le peuple. Le roi était devenu impuissant sans le parlement, le parlement devient impuissant sans les masses; le droit de vote est accordé à tous, la doctrine du plébiscite s'affirme; le ministère doit compter avec les coalitions, les cabales, les intrigues des partis; les partis doivent compter avec les coalitions, les cabales, les intérêts des électeurs et des courtiers électoraux; la presse, les livres, les brochures, les clubs font de chacun de ces électeurs un homme d'État présomptueux et omniscient; chacun d'eux, dans la démocratie unitaire, aspire au portefeuille ministériel, comme sous l'empire napoléonien tout soldat aspire au bâton de maréchal; tout citoyen se considère comme le but de la vie sociale et politique, et les théoriciens de l'anarchie, Max Stirner ou Nietsche, proclament que l'univers n'existe que pour le triomphe, le bonheur et la jouissance de l'individu.

Telle a été la marche de l'esprit public. Et il est visible qu'en affaiblissant simplement l'État, en en faisant une sorte d'abstraction sans se préoccuper des abus de la tendance unitaire, on a poussé à l'absurde les défauts de l'individualisme, on n'a pas réagi contre les défauts de la centralisation. La centralisation est toujours vivace, c'est-à-dire que les centres seuls ont un rôle, la vie locale est nulle, l'esprit local est anémié, le gouvernement local un souvenir. Aux jours de fête officielle, on voit se dérouler le cortège éclatant et splendide des grands corps de l'État. La nation le regarde passer. C'est, dans les pays latins, l'image du régime moderne. Toutes les

fonctions publiques d'un côté, tout le peuple de l'autre ;
toute l'activité sociale drainée vers le centre ; toute la
population des petites villes et des campagnes végétant dans l'inertie et ayant désappris le self-government.

N'est-ce pas un fait saisissant, d'ailleurs, que l'indifférence des classes appelées gouvernantes pour le
gouvernement dans le vrai sens du mot ? Elles y par-
ticipent aussi peu que les gouvernés. Elles font, il est
vrai, un peu de politique théorique aux jours d'élections, mais retombent bien vite dans leur marasme et,
s'imaginant avoir payé leur dette au pays en payant
l'impôt, elles refusent les charges sociales et abandonnent l'administration au gouvernement, lui impo-
sant la tâche surhumaine de tout faire, de suffire à
tout, sans lui apporter aucun secours.

C'est là une des faiblesses de la société actuelle, et
cette faiblesse se manifeste d'une façon plus mar-
quante encore par la plaie toujours grandissante de
l'absentéisme.

Le monde est peuplé de localités paisibles, de vil-
lages obscurs où des humbles, dont on ne saura
jamais le nom, travaillent dans le silence et meurent
ensevelis dans l'oubli. Au-dessus d'eux a passé l'ouragan
des passions humaines ; ils ont entrevu tour à tour les
excès du despotisme féodal, les fureurs révolutionnaires, les horreurs de la guerre ou la corruption
d'orgies analogues à celle que Paris a surnommée
l'orgie libératrice de Notre-Dame de Thermidor. Et
rien ne les a terrassés. Après la tourmente, on les a
retrouvés attelés à la tâche coutumière, toujours de-

bout comme les blocs granitiques que la vague recouvre pendant la tempête et qui, bientôt après, sur la mer apaisée, se dressent dans le bleu du ciel profond.

Ils sont, eux aussi, le granit de l'humanité.

Ils conservent éternellement le dépôt de la santé morale et physique; ils puisent, dans leur communion constante avec la nature, la confuse notion de la continuité des choses; leur bon sens terre à terre est un contrepoids à la surexcitation cérébrale, à l'agitation nerveuse des intellectuels des grandes villes; c'est dans leur milieu que naissent les esprits pondérés dans des corps robustes; les hommes qui ont aux pieds l'humus de la terre natale et dans les yeux les clartés de la civilisation, combinent en eux les deux grandes forces directrices de l'univers, l'hérédité et l'évolution, la tradition et le progrès, et se gardent à la fois de cette double exagération : n'admettre que le neuf ou ne trouver bon que le vieux.

Et quand ceux qui ont le temps, la fortune, l'influence, l'expérience dédaignent ces milieux vivifiants, quand ils abandonnent la terre ou l'usine pour les grandes villes, ils sèment la haine et l'envie là où ils auraient pu faire germer la paix sociale; ils dessèchent les sources de la vie locale, favorisent par l'exemple l'exode vers les capitales; ils provoquent le dépeuplement et l'appauvrissement des campagnes ; l'exercice des fonctions locales devient impossible faute d'hommes pour les remplir, et l'autorité centrale est obligée, une fois de plus, de suppléer à l'absence du gouvernement local. On croit dès lors que toute la force perdue par les organes locaux s'est réfugiée au centre, et les mains sont tendues vers l'État, à qui, de plus en plus, on demande l'impossible.

Pour combattre ces maux, il n'y a qu'un remède : la décentralisation et le self-government.

La croyance que l'on pourrait arriver de nos jours à se passer de l'autorité a été une illusion et une erreur. L'autorité, dans la société telle qu'elle existe, est indispensable. Dans tous les domaines, ordre intérieur et extérieur, législation, justice, finances, police, hygiène, rapports économiques, voies de communication, instruction, colonisation, elle a un rôle à jouer, une action ou un contrôle à exercer; et, dans tous ces domaines, elle a besoin de spécialistes, c'est-à-dire de fonctionnaires surveillant avec esprit de suite, science et compétence, la marche régulière et continue des services publics.

On ne saurait le nier : plus la civilisation se développe, plus les contrastes s'accentuent, plus manifestement apparaît pour l'État le devoir de chercher à régler et à équilibrer les rapports sociaux, et son attitude négative au XIX° siècle non seulement a enfanté la théorie socialiste revendiquant plus d'harmonie entre l'État et les éléments sociaux, mais, de plus, elle a été illogique. En obéissant aux partisans de l'abstention, en maintenant par la prétendue liberté du contrat de travail la prépondérance des employeurs, en laissant s'accroître les inégalités, en ne contribuant pas à la formation des petits patrimoines en face de la concentration des grandes fortunes, et n'intervenant pas en faveur des humbles demandant protection, l'État, par cela même, semblait protéger uniquement ceux qui n'avaient rien à demander et maintenir les privilèges des puissants contre les réclamations des faibles.

De là une réaction fatale, et qu'il a été insensé de ne pas prévoir : les faibles n'obtenant rien ont voulu avoir tout. A un État assurant le règne de la bourgeoisie industrielle, ils ont rêvé d'opposer un État assurant le règne des ouvriers.

Mais entre l'Etat veilleur de nuit des économistes et l'Etat omnipotent des socialistes, il y a place pour un État social ne servant ni aux riches à écraser les pauvres, ni aux pauvres à écraser les riches, ni au nombre à écraser la minorité, mais se mettant au service de tous et assurant le règne de la justice par le respect de tous.

Une législation ouvrière n'est pas plus tyrannique qu'une législation civile, dès que l'on tient compte de tous les intérêts en présence. Seulement, il ne faut pas l'oublier, il y a dans le monde autre chose que les prolétaires du travail manuel ; il y a les prolétaires du travail intellectuel et des professions libérales, dont la situation est lamentable et l'avenir aussi sombre que celui des ouvriers les moins bien partagés. Il y a le petit patron, le petit bourgeois, dont la vie dans la mêlée de la concurrence est une lutte pénible et constante. Le problème est donc complexe. L'Etat peut-il le résoudre complètement ? Il n'y faut pas songer. Peut-il aider à le rendre moins poignant ? Assurément. Pour tendre vers ce but, on lui dira d'abord ce qu'il ne doit pas être. Il ne doit pas être l'opérateur capricieux faisant d'une matière diffuse l'objet de ses expériences. Il ne doit pas être un pur

symbole planant dans le vide au-dessus des passions
de la foule. On lui dira ensuite ce qu'il peut essayer
d'être : il doit représenter la nation organisée, reposer sur les traditions historiques et le développement
naturel des peuples, être le faisceau des organismes
sociaux, l'association des associations dont parle
Montesquieu. Les fonctions, au lieu d'être centralisées
au sommet, doivent être distribuées dans les organismes fondamentaux du corps social ; les citoyens
ont à reprendre une partie de la tâche actuellement
dévolue à l'administration professionnelle et à con-
courir avec celle-ci à l'accomplissement des devoirs
sociaux. C'est là le caractère du gouvernement local.

Il conserve à l'État la direction suprême et lui permet, suivant l'expression de Comte, « de rappeler sans
cesse la pensée de l'ensemble et le sentiment de la
solidarité commune »; il lui donne une réalité concrète sans nuire aux droits de l'individu.

Il concilie l'unité nationale, conquête des temps
modernes, et les libertés locales, legs précieux du passé.

Il concilie le régime démocratique avec le respect
de l'ordre et de l'autorité.

Il a, enfin, cet immense mérite, au point de vue
contemporain, de diluer, comme le dit M. Benoist (¹),
le socialisme dans les institutions locales. Dans l'État
décentralisé, les groupes locaux en arrivent à résoudre
fort simplement des questions qui au premier abord
paraissent extraordinairement ardues et inquiétantes.
Je trouve un exemple frappant des avantages du

(¹) *Revue des Deux Mondes*, 15 janvier 1895. « Une démocratie
historique », par Charles Benoist.

gouvernement local dans le *Small Holding Act* de 1892, par lequel l'Angleterre cherche à arrêter le dépeuplement des campagnes et à reconstituer la petite classe rurale en autorisant les *County councils* et les *Parish councils* à mettre, au besoin par l'expropriation, de petites parcelles de terre à la disposition de la classe ouvrière dans des conditions déterminées et à rattacher ainsi les humbles au sol natal. Une transformation profonde du régime de la propriété, une réforme sociale d'une portée considérable s'accomplit là sans protestation, sans danger, au sein des organismes locaux de l'Angleterre (¹).

Les grandes démocraties centralisées n'ont rien de stable ; les moindres réformes y sont difficiles. Rousseau reconnaissait déjà que la démocratie convient surtout aux communautés restreintes. Et l'histoire nous montre les vices des démocraties étendues et privées du contrepoids du gouvernement local. Bryce a signalé leur intolérance, leur esprit autoritaire, leur amour des idées générales, des succès faciles, du bien-être, leur désir de changement, leur mépris de la légalité, leur dégoût pour les efforts patients et laborieux, pour l'étude approfondie des questions pratiques. Si les petits groupes locaux sont souhaitables, si l'on peut y réaliser des progrès comme ceux que je viens d'indiquer, c'est parce qu'on y trouve l'habitude du contrôle et du travail quotidiens, le dédain des creuses déclamations, le respect des services rendus et des

---

(¹) On lira les détails de cette réforme considérable dans l'ouvrage de M. Maurice Vauthier : *Le gouvernement local de l'Angleterre.* Paris, 1895, p. 156 et suiv., 296 et suiv.

intérêts d'autrui et, par contrecoup, plus de bienveillance réciproque, de sérieux et de dignité; une
conscience plus nette et plus profonde des exigences
de l'ordre et du droit.

L'Europe, pour se ménager un développement normal et régulier, devra en revenir aux anciennes
traditions des peuples libres, à ce régime pour lequel
l'autorité est comme la vie elle-même. La vie ne
choisit pas des hauteurs où elle trône dans la solitude,
elle est répandue partout. Comme elle, l'autorité doit
être répandue dans tout le corps social.

On dit : Pourquoi retourner en arrière? L'unité,
c'est le progrès, la cohésion, la rapidité des mouvements. La complexité de la décentralisation, c'est le
passé, le particularisme, les frottements, les lenteurs
d'exécution.

L'histoire contemporaine répond à ces défiances :
ce qui a fait la force des cités grecques, de la ligue
achéenne, des communes flamandes, de la ligue han-
séatique, de la ligue des villes du Rhin, des confédé-
rations des villes du sud de l'Allemagne et des villes
lombardes, ce qui a fait la force des Pays-Bas et de
l'Angleterre fait encore en ce moment la force de la
démocratie rurale en Suisse, des États-Unis d'Amérique et de l'Empire britannique.

L'Amérique surtout mérite d'attirer spécialement
l'attention. Elle a retrouvé le type de l'État fédératif
dont notre moyen âge avait déposé le germe dans le
droit public européen. Elle constitue une démocratie
tempérée par la décentralisation et le gouvernement
local. Et en 1789, au moment où la France allait

pousser à l'extrême l'idée de la centralisation, la constitution fédérale se distinguant de toutes celles qui allaient être promulguées sur le continent, montrait la préoccupation des buts supérieurs que nous aurions toujours dû avoir devant les yeux : elle songeait à garantir non seulement les libertés individuelles, mais aussi les libertés corporatives; elle réglait les rapports du gouvernement, non seulement avec les individus, mais avec les groupes locaux; elle assurait l'indépendance des uns comme des autres; elle déterminait avec soin la sphère réciproque de souveraineté des autorités locales et du pouvoir central, et considérait les gouvernements locaux et le gouvernement fédéral comme des facteurs de valeur égale.

L'Amérique a conservé la marque de son origine : la grande république des États-Unis ne fut-elle pas au début une simple corporation, transformée bientôt en colonie, puis en État? La constitution fédérale de 1776 n'est-elle pas simplement le développement de la charte coloniale de 1684, qui, à son tour, étend la charte d'incorporation accordée en 1628 à la compagnie du Massachusetts?

Actuellement, l'État américain est une association de quarante-deux États. Chacun a sa Constitution, son pouvoir exécutif, ses deux Chambres, son administration particulière, son système fiscal, son droit, sa procédure, sa justice. Dans chacun, de multiples organismes locaux indépendants, comtés, cités, townships, districts scolaires, se superposent sans que l'un d'eux absorbe les autres. A la base se trouve le Township, dont l'autonomie est complète. La petite communauté rurale qui, chez nous, s'atrophie et s'étiole dans la mélancolique solitude et l'abandon, forme là-bas une corporation prospère, pleine de mouvement et de vie. Avec son assemblée électorale, son pouvoir législatif, son comité scolaire, ses attributions de police, d'hygiène, de finance, de charité, elle constitue un État en miniature ; elle est la moelle de la république américaine. Et si l'enthousiasme inspiré jadis par Tocqueville pour le nouveau monde a bien diminué, si la démocratie vantée par lui ne s'est pas montrée irréprochable, si des abus effrayants se sont manifestés dans les grands centres, si à New-York le suffrage universel privé d'organisation a produit la corruption effrénée qui a son siège à Tamany Hall, il faut reconnaître, et Bryce le montre dans son admirable livre : *The american commonwealth,* que le salut des États-Unis réside dans les institutions locales, dans la démocratie rurale, dont la modération et les qualités solides font contrepoids aux excès de la démocratie urbaine et la tempèrent.

Le secret de la force de résistance des États-Unis est dans la décentralisation. Grâce à la décentralisation, l'initiative, l'énergie, l'activité, le sentiment de la responsabilité et de l'indépendance sont répandus dans toute l'étendue du territoire ; grâce à elle, le citoyen est, partout où il réside, rattaché à l'ensemble du pays par les liens indestructibles du patriotisme local, par la communauté des intérêts locaux, par la pratique constante des droits et des devoirs locaux. Et c'est ainsi que l'échec de la démocratie à New-York n'entraîne pas la perte de la démocratie américaine.

Quand on considère l'immense mécanisme gouvernemental et administratif, en apparence si compliqué, de l'Amérique du Nord, le pouvoir fédéral, avec son président, ses deux Chambres, sa justice, supporté par quarante-deux États qui peuvent être ramenés eux-mêmes à des organismes de plus en plus élémentaires, dont chacun constitue une communauté politique douée d'organes multiples répondant à autant de fonctions sociales, on admire dans ce régime, malgré ses défauts évidents, un robuste faisceau de forces sociales et un type supérieur de société politique. Il y a là un exemple pour tous ceux qui ne voient pas dans le nivellement égalitaire, dans la suppression de la variété des groupements, dans la logique de la symétrie, le dernier mot de la perfection politique.

L'Angleterre, à son tour, qui, après Guillaume le Conquérant, a failli un moment être soumise à un système centralisateur, a su réagir; elle a maintenu la vigueur sociale dans la nation entière en distribuant le travail social dans la nation entière. Jusqu'au xviiie siècle, elle a pu, s'appuyant sur la petite classe moyenne rurale et urbaine, groupée dans des corps historiques et traditionnels, réaliser le vrai gouvernement local et conserver l'esprit des institutions locales. Les mœurs y aidaient puissamment; l'industrie était corporative et domestique, les rapports économiques et sociaux avaient un caractère familial et intime et, à la campagne, le squire vivant dans ses terres, accomplissant gratuitement les fonctions de juge et d'administrateur, était l'âme du gouvernement local.

Mais à la fin du xviiiᵉ siècle, la société patriarcale se dessèche au souffle de la grande industrie ; les charges honorifiques, les organismes locaux, les traditions historiques cèdent à l'effort de la centralisation bureaucratique. Pourtant, les racines du self-government étaient si profondément enfoncées dans le sol, elles plongeaient si loin dans le passé que rien n'a pu les détruire et, aujourd'hui, le gouvernement local prend un élan nouveau : la loi de 1888 sur les County councils, celle de 1894 sur les Parish councils sont un retour à des principes auxquels l'Angleterre doit une situation vraiment enviable.

Les unions de paroisses, associations spontanées de petits groupes organiques, douées de la personnification civile, investies d'un rôle important en matière de bienfaisance, d'éducation, d'état civil, etc., les districts de police, les districts sanitaires, sont autant de démocraties restreintes, de corps autonomes et variés, ayant chacun un budget, une assemblée électorale, un bureau d'employés, recrutant un grand nombre d'agents gratuits et réalisant ainsi, d'une façon remarquable, tous les avantages du gouvernement local. Dans le comté, le juge de paix, organe vivant de décentralisation, a un pouvoir autonome dont l'exercice assure comme jadis les conditions du self-government (¹).

Sur le continent, la Suisse est actuellement la plus

(¹) M. Maurice Vauthier, dans son savant ouvrage : *Le gouvernement local de l'Angleterre* (Paris, Rousseau, 1895), fait un tableau complet du système anglais.

Voir aussi Oscar Pyfferoen, *Les réformes communales*. Bruxelles, Schepens, 1895.

ancienne confédération de groupes locaux autonomes, la plus ancienne forme sociale s'éloignant de la notion latine de la souveraineté. Les cantons, qui sont la base du gouvernement helvétique, ne représentent pas des subdivisions artificielles créées par le pouvoir dans un but administratif, mais des organismes indépendants associés pour former un État fédéral, et dont chacun dans sa sphère a une autorité égale à celle du gouvernement central dans la sienne.

Les commencements de la confédération suisse ont été aussi modestes que ceux de la confédération américaine; ses résultats ont été aussi splendides. La Suisse est née de l'union contractée, en 1291, entre les cantons d'Ury, de Schwytz et d'Unterwald; cette union est devenue, en 1353, la confédération des huit cantons et, en 1513, la confédération des treize cantons. En 1798, elle cède un instant à l'influence unitaire de la France pour retourner bientôt au régime fédératif qui, actuellement, concentre en un organisme puissant les institutions locales de vingt-deux cantons et sauvegarde l'unité nationale, tout en laissant aux citoyens un maximum de liberté et en tenant compte des différences de race, de langue et de caractère.

La Belgique aussi a connu les traditions locales et il est regrettable qu'elles aient été brusquement rompues. Quand, il y a un siècle, sur la place de l'Hôtel de Ville de Bruxelles, les représentants du gouvernement révolutionnaire interdisaient toute assemblée de citoyens de la même profession et, quelques jours plus tard, faisaient vendre les archives et le mobilier des corporations, ils anéantissaient les derniers vestiges du système politique qui a fait l'éducation de l'individu et l'a émancipé. Si les principes consacrés par le grand privilège de Marie de Bourgogne s'étaient développés d'une façon continue et régulière, nos libertés modernes seraient le prolongement logique de nos vieilles libertés locales; nos institutions, au lieu d'être le produit artificiel de la raison abstraite, auraient la vigueur des plantes qui ont cru lentement sur le sol natal; notre État représentatif serait encore la fédération des provinces, des communes, des organismes collectifs répondant à des besoins sociaux, et, conscient de la diversité des intérêts locaux, il ne la sacrifierait pas au besoin esthétique de l'uniformité.

Le passé, où les États généraux émanaient des États provinciaux, où ceux-ci émanaient des villes et des campagnes, où les villes émanaient des corporations urbaines, où la nation participait ainsi d'une façon constante aux affaires publiques, nous fournit sur bien des points des leçons dont il y a lieu de profiter (¹). En ce qui concerne la plénitude et l'intensité de la vie sociale, la pondération des mouvements, l'histoire renferme peu d'enseignements analogues à celui que nous donne la glorieuse bourgeoisie hollandaise du XVIIᵉ siècle, cette bourgeoisie forte et prospère, éclairée et tolérante, tenant tête sur terre et sur mer aux grandes puissances et protégeant en même temps Descartes, Bayle et Spinoza.

(¹) É. DE LAVELEYE, *Le gouvernement dans la démocratie*. Deux volumes. Paris, Alcan, 1891. Vol. II, p. 375 et suiv.

C'est donc à ces sources que les pays centralisés et atomisés doivent s'inspirer. La vitalité des corps organisés, corporations, communes, cantons, provinces, est à la fois une digue contre la faiblesse de l'individu et contre la tyrannie du pouvoir.

Il importe de laisser s'épanouir la variété des intérêts locaux, de distinguer dans le droit administratif comme dans le droit électoral les campagnes des villes, de ne pas donner une organisation externe identique à un hameau et à une capitale (¹); il importe d'imiter l'Angleterre autorisant les Unions de paroisses et de substituer comme unité politique et administrative aux petites communes rurales trop faibles pour remplir un office public quelconque, la fédération cantonale de ces petites communes; il importe, enfin, de favoriser la renaissance des organismes collectifs, expression tangible des intérêts sociaux les plus réels, tels que conseils régionaux agricoles, industriels, commerciaux, groupes juridiques, artistiques, scientifiques, etc. (²), et de faciliter ainsi la représentation des intérêts, dont nous parlerons plus loin.

Dans le domaine économique, il en est de même. Les rapports entre les classes ouvrières et les classes industrielles existent et doivent être réglés. Mais, si la liberté absolue de l'école économique classique est funeste à la classe ouvrière, la réglementation centralisée de l'école collectiviste met en péril l'existence

___

(¹) AD. PRINS, *La démocratie et le régime parlementaire.* Bruxelles, 1883.

(²) DE GREEF, *La Constituante et le régime représentatif.* Bruxelles, 1892.

même de la civilisation. L'autorité a incontestablement un devoir à remplir. Comment doit-elle procéder?

Qu'on laisse le travail ou le capital maître des conditions économiques et chacune des parties en cause sacrifiera les intérêts de l'autre partie; que l'on oppose dans un pays la classe des industriels à celle des prolétaires et l'antagonisme intransigeant s'accuse. Que l'on mette en présence dans une localité un groupe professionnel d'employeurs et un groupe professionnel d'employés, et les bonnes volontés se rapprochent. Les résultats des Chambres d'explications fondées à Mariemont par M. Weiler sont décisifs à cet égard.

Ce sont des indications précieuses. A coup sûr, la situation du monde économique actuel justifie une intervention de l'État. Mais l'autorité centrale n'a pas assez de souplesse pour s'adapter à toutes les nécessités de la production nationale. Pour la solution de n'importe quelle difficulté économique (que ce soit le travail des femmes et des enfants ou l'assurance ouvrière, par exemple), une loi uniformément appliquée à un pays entier fera autant de mal que de bien. Il faut tenir compte des habitudes, des mœurs, des conditions du travail qui varient de localité à localité. La loi peut poser des principes, tracer un cadre général, elle doit laisser à des autorités régionales en rapport avec des groupes régionaux le soin de faire des règlements régionaux. Il importe donc, comme Humboldt le demandait déjà, de posséder des conseils régionaux capables de se substituer au gouvernement et de prendre les mesures utiles sur place, en connais-

sance de cause, après avoir entendu les parties inté-
ressées encadrées dans leurs groupements professionnels. Les Conseils de l'industrie et du travail sont un
pas dans cette voie et offrent un moyen de se rapprocher à la fois de l'association des individus, de la décentralisation de l'autorité et de la réglementation locale.

En ce qui concerne la justice, l'avantage de la décentralisation est tout aussi évident. Notre justice imper-
sonnelle et centralisée est lente, formaliste et coûteuse.
La justice répressive surtout, jugeant des prévenus
qu'elle ne connaît pas, d'après des règles étroites dont
la signification échappe à la foule, est souvent un pur
symbole. Le juge local, même non juriste, mais doué
d'expérience et de maturité, habitant au milieu des
justiciables, se décidant d'après les inspirations du
cœur et le bon sens, décharge d'abord les juridictions
centrales d'une foule d'affaires qu'elles expédient trop
sommairement ; ensuite, il donne à la justice plus de
réalité et d'efficacité, quelque chose de plus simple ;
enfin, il aide à la diffusion du sentiment du droit, qui
reste sans cela le monopole d'un petit nombre de spécialistes.

Gambetta avait bien raison de convier la législature
au relèvement des fonctions du juge de paix [1]. Les
magistrats des grandes villes du continent voient
défiler sous leurs yeux une population qu'ils ne
peuvent juger bien parce qu'ils la connaissent mal, et
en arrivent à rappeler Bridoye, qui jugeait les procès
aux dés. Le juge local, dans le canton où il passe ses

[1] *Moniteur des juges de paix de France*, t. XII. — Loi sur la
réorganisation des justices de paix.

jours, est rattaché par des liens sociaux, par un contact permanent, aux hommes qu'il doit juger, et son rôle perd le caractère abstrait qu'il a trop souvent, pour devenir plus humain et plus vivant. Il suffit de songer aux dicastéries athéniennes, aux officialités, aux justices corporatives du moyen âge, aux juridictions disciplinaires ou professionnelles modernes, aux juges de paix des petits cantons ruraux, pour constater que c'est là où le magistrat répressif est en rapports constants avec la population locale que la justice est le mieux rendue.

Je rappelle aussi les juges de police de la tradition anglo-saxonne, avec leur compétence étendue. Ces 12,000 magistrats, dont beaucoup ne sont pas des légistes et exercent encore aujourd'hui, comme jadis, des fonctions purement honorifiques, n'ont-ils pas une influence considérable, un prestige légitime? Ne contribuent-ils pas à la grandeur de la justice anglaise? Ne sont-ils pas un exemple frappant de l'efficacité de la justice locale?

J'ajoute, au point de vue de la portée sociale de la justice, que les délinquants condamnés loin du lieu du délit et longtemps après la date de sa perpétration, n'excitent aucunement les sentiments de réprobation de la multitude, qui, n'ayant pas souffert de l'infraction, reste indifférente ou curieuse, quand elle ne devient pas bienveillante. Pour que l'opinion publique conserve la notion du juste et de l'injuste et soit d'accord avec ceux qui jugent, le délinquant doit être condamné rapidement, au milieu des citoyens dont il a troublé la sécurité.

Et chose curieuse, à noter en passant. A côté de la tendance napoléonienne, qui consiste à centraliser la justice, l'on constate au contraire une tendance décentralisatrice là où elle a le moins de raison d'être, c'est-à-dire dans le domaine de la police judiciaire, qui, en Belgique, est communale, alors qu'elle devrait être entre les mains de l'État (¹).

Passons au domaine de l'instruction; il est facile d'y mettre en relief les vices de la centralisation. L'État n'a pas le droit de donner à tous les esprits une empreinte identique, de couler toutes les intelligences dans le même moule. Que le despote qui rêve d'imprimer une direction uniforme à l'éducation nationale s'appelle César ou Peuple, le danger est le même. L'État a à prescrire le principe de l'instruction et à en fournir les cadres, mais l'instruction doit être adaptée aux besoins variés de la nation. Y a-t-il rien de plus funeste que l'immuabilité d'un enseignement imposé aux citoyens d'un pays et appliqué sur toute l'étendue du territoire par une armée de fonctionnaires, où le cuistre et l'homme de talent, emprisonnés dans le même règlement, ne sont que des esclaves courbés sous le joug uniforme des programmes, des manuels et des concours officiels? Une instruction égalitaire et centralisée est contraire aux besoins de l'humanité. Loin d'aider au rapprochement des classes, elle les a séparées davantage. Loin de contribuer à l'apaisement des conflits sociaux, elle les a accentués. Elle n'a pas donné à la bourgeoisie la haute culture, seule capable

(¹) « Rapport sur la procédure pénale à Londres », par M. A. Prins. *Moniteur belge* du 7 novembre 1879.

de mettre les classes dirigeantes à la hauteur des difficultés présentes. Elle n'a pas donné au peuple un véritable instrument d'émancipation. En démocratisant à outrance l'enseignement, en le rendant de plus en plus accessible à la foule, en le fournissant au meilleur marché possible, on n'a pas favorisé la formation d'une élite et on a abaissé le niveau général des esprits. L'instruction a été trop mécanique et utilitaire pour les hautes classes, trop intellectuelle et théorique pour les classes populaires. L'enseignement supérieur, qui aurait dû inspirer surtout le culte élevé de la science, a été essentiellement professionnel; l'enseignement primaire du peuple, qui aurait dû être surtout pratique, a été scientifique et abstrait. Si bien que l'État, en ne fournissant pas aux esprits une alimentation adéquate à leur situation, a produit en haut des égoïstes rebelles à l'enthousiasme, en bas des envieux aigris par le contraste entre leur savoir et leur pouvoir, partout des déclassés.

A coup sûr, il est bon que le maximum possible d'hommes ait le maximum possible de véritable instruction; c'est un champ immense offert aux efforts spontanés individuels ou collectifs. Mais, de nos jours, la demi-instruction devient un fléau. Pour ceux qui ont le temps, la fortune ou des aptitudes spéciales, l'instruction supérieure doit être surtout de la haute culture; pour ceux qui ont à gagner leur vie, l'instruction élémentaire doit être surtout professionnelle et l'apprentissage professionnel varie suivant qu'il s'adresse aux régions industrielles ou rurales.

Encore une fois, c'est aux groupes locaux, aux organismes locaux, aux autorités locales à tenir compte des besoins locaux, l'Etat se réservant un contrôle général sur l'ensemble.

Relativement aux encouragements et aux subsides à donner aux arts, aux sciences et aux lettres, le gouvernement central est mal placé pour exercer un contrôle utile et court le risque d'encourager surtout la routine. Quand, des hauteurs où il plane, il accorde un subside à une œuvre, quand il vient en aide à un artiste, à un écrivain, à un savant, il ignore s'il n'y en a pas une foule d'autres aussi dignes de sa bienveillance et s'il ne sacrifie pas un génie qui peine dans l'ombre. Quelle que soit la loyauté de ses intentions, il devra toujours se laisser guider par des recommandations, favoriser ceux qui sont le plus près de lui ou qui ont auprès de lui le plus d'appuis. Il est impuissant contre les cabales, les intrigues ou le népotisme et ne trouve de remède à ces maux que dans la décentralisation.

Le système fiscal, à son tour, a tout avantage à entrer dans les voies de la décentralisation financière ou de la taxation locale. On ne doit pas s'attacher exclusivement à la réforme des bases de l'impôt et il importe également, pour mieux régler les recettes et les dépenses d'une nation, d'accorder aux groupes locaux une plus grande autonomie financière. En Prusse, le ministre des finances, M. Miquel, vient d'adopter ce principe : Une loi récente ne conserve au profit de l'État, comme contribution directe, qu'un impôt sur le revenu et un impôt complémentaire sur le capital; elle renonce, en faveur des autorités locales, aux impôts sur la propriété foncière, la propriété bâtie, le commerce et l'industrie et leur laisse le choix libre en matière de taxation.

Le gouvernement qui centralise les dépenses n'en sent pas bien le contrecoup. Aussi, dans les pays à administration centralisée, les dépenses suivent une progression effrayante. L'énormité des budgets des États modernes était dernièrement signalée par M. Léon Say ([1]), et dans un livre intitulé : *Les gaspillages des sociétés modernes*, M. Novicow fait les mêmes constatations ([2]). Le budget de la France dépasse en ce moment quatre milliards deux cents millions. En mettant à part les dépenses militaires, on trouve l'une des causes de ces charges colossales dans la centralisation, développant sans trêve l'outillage administratif, multipliant sans relâche les services administratifs, créant sans cesse des places nouvelles, ordonnant constamment des travaux publics dont il est difficile de vérifier le prix de revient et l'utilité.

Le self-government, au contraire, fournit un gouvernement à meilleur marché et réduit les dépenses en réduisant les attributions du gouvernement central. Ensuite, il est une source d'économies, parce qu'il trouve moyen de faire admettre la gratuité de beaucoup de fonctions locales; il en est ainsi aux États-Unis, en Angleterre, à l'île de Jersey et dans l'administration communale et provinciale prussienne. Enfin, il diminue encore l'intensité des

([1]) *Revue des Deux Mondes*, 1ᵉʳ octobre 1894, p. 501.
([2]) ALCAN, Paris, 1894.

dépenses en les répandant d'une façon plus générale sur tout le corps social. En Amérique, le budget fédéral n'est pas élevé, grâce au principe conférant les attributions gouvernementales essentielles aux quarante-deux États de l'union et le budget des quarante-deux États n'est pas élevé, grâce au principe qui fait retomber les charges essentielles de l'administration de l'État sur les subdivisions locales de cet État, comté, cité, township. Le gouvernement fédéral tire ses revenus des impôts indirects, des douanes et des accises. Les États puisent leurs ressources dans la perception des taxes directes. L'État détermine le montant de ses besoins financiers et fait la part de chaque comté. Le comté évalue ses dépenses et fait la part de chaque ville ou township. Le citoyen paye une somme globale dont une partie va à la commune, une autre au comté, une troisième à l'État. L'autorité locale retient la première, et remet les deux autres aux autorités du comté qui retiennent la seconde et remettent l'excédent à l'État. Ainsi, un contrôle local permanent partant des groupes les plus infimes empêche les dilapidations et maintient les dépenses à un taux normal (¹).

La bienfaisance soulève des questions identiques. Les socialistes soutiennent avec raison qu'en matière de charité la liberté individuelle sans plus est le droit pour les forts de laisser mourir les faibles; les

(¹) J'apprécie l'ensemble du système, j'en indique les avantages et je laisse de côté les gaspillages municipaux dénoncés à New-York et dans quelques autres grandes villes, et qui n'atteignent que les habitants de ces capitales. Ils sont surtout le résultat du suffrage universel pur et simple appliqué aux grands centres.

disciples de Spencer soutiennent avec tout autant de raison que l'assistance par l'État augmente le nombre des oisifs, des fainéants, des incapables, qu'elle engendre le paupérisme héréditaire et peuple le monde de dégénérés qui, finissant par tomber à la charge de la société, augmentent chaque jour les difficultés du problème social.

Il est certain que la charité organisée par l'autorité centrale, ne pouvant connaître ceux qu'elle aide, vient parfois au secours d'indignes et, loin de détruire la misère, l'encourage en favorisant la simulation, la paresse, la mendicité et le vice. Elle fait ainsi du détestable socialisme, prenant à ceux qui travaillent pour donner à ceux qui refusent de travailler.

Il est certain encore que la charité légale centralisée est incapable de soutenir tous ceux qui en sont dignes ; elle agit parfois dans les villes, elle est impuissante dans les campagnes, et l'insuffisance de l'organisation de l'assistance rurale est un fait avéré et reconnu.

La solution, encore une fois, c'est l'association, la mutualité, et s'il s'agit de lui fournir l'appui nécessaire ou même de la remplacer quand elle fait défaut, c'est l'autorité décentralisée, la commune, et, là où l'unité communale est trop faible, trop pauvre, trop isolée, la fédération des communes du canton. L'association et l'autorité locale, en effet, sont en situation de faire ce dont l'État est incapable, c'est-à-dire distinguer la misère du vice, la paresse de l'infirmité ; donner le secours dès qu'il est nécessaire, le retirer dès qu'il est inutile.

Enfin, j'ajoute que dans le domaine religieux et philosophique même, on aperçoit les avantages de la décentralisation. Tocqueville n'a-t-il pas dit que « la « religion ne saurait partager la force des gouverne- « ments sans se charger d'une partie des haines qu'ils « font naître »? Alors que la tentative de centralisa- tion du concile de Trente n'a pas empêché la multi- plication des dissidents, n'a-t-on pas vu, au contraire, la décentralisation religieuse, c'est-à-dire la multipli- cation des sectes anglaises et américaines, donner un nouvel essor au sentiment de l'idéal religieux, et lui faire gagner en spontanéité, en étendue, ce qu'il perdait en discipline et en obéissance? Carlyle avait ces exemples sous les yeux, quand il émettait l'avis que la foi, pour exister, doit être libre, et quand il ajoutait que pour que les hommes croient, ils ne doivent pas tous croire la même chose.

N'est-ce pas à la perpétuelle et libre évolution des groupes religieux et philosophiques de l'Angleterre qu'il faut attribuer, en grande partie, le haut degré de moralité, de dignité, de respect de soi-même et d'autrui, atteint par les Anglo-Saxons?

Le pouvoir central a peu d'action sur la vie morale des foules; les communautés locales, au contraire, répandues dans la nation, arrivent par le contrôle réciproque, l'échange des idées et des sentiments, le rapprochement continu des cœurs, à exercer sur la vie morale individuelle une influence bienfaisante.

En résumé, il faut au monde désagrégé un ciment. Or, supposez que la société soit une superposition d'institutions locales, le faisceau de tous les groupes répondant à des besoins sociaux ; supposez que la commune, la province, l'État, chacun dans sa sphère et à son tour, surveillent et complètent le fonctionnement des organes locaux ; que l'État, notamment, intervienne pour faire de toutes ces parties un ensemble, pour leur imprimer la cohésion nécessaire et un mouvement harmonique ; et sans compromettre l'unité indispensable, on maintient la diversité des forces locales, on voit renaître le sentiment du devoir social et de la responsabilité sociale ; on attire à la surface les énergies latentes ; on permet à l'homme de marcher sans être arrêté par les mille obstacles de la lourde machine gouvernementale, sans mourir étouffé dans la cellule de la prison collectiviste, sans se perdre dans le chaos auquel aboutit fatalement l'exaltation frénétique de l'individu.

CHAPITRE IV.

L'individualisme moderne.

Contradictions de la doctrine individualiste. Elle n'a rien de commun avec le respect de l'individualité. Elle a subi l'action du droit romain, de la théorie du contrat social et des systèmes économiques. Conséquences funestes des excès de l'individualisme dans la conception du contrat de travail, dans la question du paupérisme, dans la famille et les mœurs.

Pour nous rapprocher de cet idéal, il ne suffit pas que l'autorité soit décentralisée, il faut encore et surtout que les hommes isolés, se groupant, réagissent contre la conception individualiste dont tous les esprits ont été imprégnés pendant les cent ans qui viennent de s'écouler.

Nous rencontrons ici la seconde grande cause des symptômes de déclin que présente notre civilisation.

Les voyageurs décrivent le mélancolique spectacle aperçu des hauts plateaux près de Jérusalem quand, à midi, sous les rayons d'un soleil torride, l'espace semble vide et que tous les plans uniformes se détachent avec leurs lignes dures et anguleuses dans la sécheresse de l'air.

Au monde, tel que nous l'ont légué la Révolution et l'Empire, il manquait aussi quelque chose pour estomper les angles et adoucir les contours : la Révolution a fait de la société une poussière d'atomes desséchés ; l'Empire, sur ce sable mouvant, a élevé des constructions géométriques, et l'aspect que les hommes de 1789 et de l'Empire ont ainsi donné à leur création est aussi déplaisant que celui de cette Judée brûlée par le feu du ciel. Aussi a-t-on reconnu que, dans un mécanisme pareil, les chocs seraient redoutables et de nombreux penseurs ont songé aux moyens de les amortir.

Le vice fondamental de la conception moderne, c'est l'individualisme atomistique. Montrer la fragilité d'un agrégat d'unités sans liens ni devoirs réciproques, où chacun a le droit de rechercher son plus grand intérêt en ne s'inquiétant pas de l'intérêt d'autrui, et où la civilisation est ramenée à la lutte acharnée de tous contre tous, c'est presque devenu une banalité et l'on commence à se fatiguer d'entendre toujours comparer l'individu à un atome.

Pourtant, on ne saurait assez le répéter, quand on considère qu'une société doit puiser sa force dans le groupement spontané des initiatives semblables, dans le faisceau résistant des énergies collectives, on déplorera que la Constituante et la Convention aient détruit les sociétés particulières dont se composait la société générale, que Napoléon, pour assurer sa tyrannie, ait eu besoin de l'isolement de chaque individu et qu'ainsi, au lieu des organismes naturels de l'humanité, nous n'ayons plus que des divisions administratives, de découpures territoriales et une hiérarchie d'autorités.

L'individualisme moderne renferme d'ailleurs une contradiction flagrante. Voyez l'individu dressé au seuil de notre époque dans sa royauté factice, dans son orgueilleuse solitude, ramenant tout à ses impressions personnelles de joie ou de douleur. Adulé, déifié, proclamé par la Constituante le maître du monde, il en est arrivé à croire qu'il disposait de l'univers, à s'affranchir de toute sujétion gênante, à admettre que la société n'existe que pour lui permettre d'exercer sa souveraineté, d'obéir à ses passions, de satisfaire ses appétits.

Seulement, comme tous les individus ont désormais les mêmes ambitions, le même désir effréné de parvenir au même but, le même droit de l'atteindre, et que dans cette cohue houleuse, impatiente, avide, une bien petite minorité arrive seule à ses fins, l'individu est en somme mécontent et malheureux et il rappelle involontairement les paroles de Bossuet : « Où tout « le monde peut faire ce qu'il veut, nul ne fait ce « qu'il veut, où il n'y a plus de maître, tout le monde « est maitre, où tout le monde est maitre, tout le « monde est esclave. »

La souveraineté, en passant des dieux aux rois, des rois aux peuples, des peuples aux individus, s'est morcelée à l'infini et chacun en a une part trop diluée pour qu'elle puisse lui être utile. Taine le montre dans le *Régime moderne* (vol. I), l'individu sent beaucoup plus son devoir de soldat et de contribuable que son droit de citoyen.

L'individualisme ainsi entendu n'a plus rien de commun, d'ailleurs, avec ce que l'on entendait jadis par individualisme, c'est-à-dire avec la libre expansion de l'individualité morale, décrite par Humboldt dans son livre célèbre : *Ideen zu einem Versuch die Gränzen der Wirksamkeit des Staates zu bestimmen.*

L'homme doit évidemment désirer une situation où il puisse se développer dans son originalité et agir le plus possible d'après ses besoins, ses forces, ses facultés et son droit. Cela lui est utile à lui-même; cela est utile aussi à la société : car c'est un progrès incontestable pour un ensemble organique d'avoir des parties de plus en plus individualisées.

Seulement, la véritable théorie individualiste ne s'arrête pas à cette simple notion; pour elle, l'individu n'est rien s'il n'est en même temps un organe par rapport à un tout vivant qui lui est supérieur; s'il vit uniquement pour soi et le présent et non pas également pour autrui et pour l'avenir. Le principe d'individuation implique une tendance à la beauté morale, un effort pour la réaliser, et dans ces conditions il est un élément essentiel de civilisation; on peut affirmer que la société la plus parfaite est celle où l'individualité aura le plus d'essor.

Mais le maximum d'individualité ne résulte pas de l'excès d'individualisme.

L'Angleterre a le respect de l'individualité, elle n'a pas exagéré le culte de l'individu. Par l'acte *d'Habeas corpus* et le *Bill of Rights,* elle a été la première nation à protéger l'individu contre la tyrannie. Par l'acte de 1824 sur les coalitions, elle a également été la première à protéger l'individu contre les dangers d'un individualisme à outrance et à distinguer la liberté individuelle de l'isolement dans la liberté.

L'isolement dans la liberté, c'est la conception purement mécanique de la société, celle qui juxtapose des unités sans s'inquiéter du résultat de leur contact, sans prendre aucune mesure pour empêcher la majorité des faibles d'être étouffée au profit d'une minorité d'élite; celle qui fait ressembler la civilisation à un immense fumier dont la pourriture grandissante est nécessaire à l'épanouissement de quelques fleurs splendides. Cette conception a désagrégé la société, l'a réduite en poussière et a amené un état d'atomisation qui s'est traduit par la devise : « Chacun pour soi. » On répond, il est vrai, que telle n'a jamais été l'intention des individualistes. C'est évident. Mais telle est bien la situation qu'ils ont engendrée. Ils rêvaient le bonheur du genre humain, nous avons assisté au drame sinistre de la lutte pour la vie. Ils rêvaient le triomphe de l'individu, nous avons assisté à son écrasement.

D'ailleurs, l'individualisme, tel que nous l'a légué le xviiie siècle, n'est pas le fond de l'histoire. Les sociétés puissantes et prospères douées de la vraie santé morale ont toujours été organisées et ont toujours considéré le problème du groupement des individus comme aussi fondamental que celui de la répartition des richesses. Pendant la jeunesse de l'humanité alors qu'elle avait la souplesse et la vigueur qui donnent l'audace et permettent les longues espérances, l'unité sociale était non l'individu, mais la collectivité. L'individu livré à lui-même est une abstraction moderne; l'individu vivant dans la collectivité, soutenu par elle et ne comptant que par elle, telle est la réalité qui a présidé à la formation des sociétés et la loi de leur développement historique.

Dans un groupe social élémentaire dont la vie, réduite à sa plus simple expression, peut être ramenée à un intérêt unique, on admet une organisation fondée sur la simple agrégation des individus, bien que déjà la famille y exprime la manifestation initiale du groupement. Mais dès que la communauté s'étend et que les intérêts se multiplient, la nécessité des groupements sociaux apparaît. Alors le progrès ne résulte plus des efforts isolés de chacun, il s'effectue par les efforts combinés de tous, par les collectivités sociales, sources des principales conquêtes de notre civilisation.

Comment la force créatrice, l'esprit organique, le sentiment de cohésion ont-ils fait place à des impulsions en sens contraire? Comment le faisceau des forces qui faisaient d'un peuple un tout harmonique et résistant s'est-il rompu pour ne laisser en présence que de flottants atomes?

L'individualisme commence à poindre à la Renaissance. L'humanisme libéral apparaît comme une noble aspiration à la vie individuelle, comme un hommage au droit individuel et à la liberté.

Mais, nous l'avons dit plus haut, des causes analogues à celles qui ont engendré la centralisation ont contribué aussi à accentuer l'individualisme et à faire d'une tendance favorable à l'individualité, un obstacle à sa reconstitution et un élément dissolvant.

La première de ces causes, c'est l'influence du droit romain. Le droit romain ne reconnaît que des individus isolés, dont les rapports, tout extérieurs, se réduisent à des actions et à des réactions mécaniques, et dans un groupement quelconque de personnes, il ne voit que ces mêmes individus et n'admet entre eux que les mêmes rapports extérieurs.

Il ne comprend pas des groupes portant en eux-mêmes une volonté commune; il est rebelle à la notion de l'être collectif avec une vie collective. Pour le légiste romain, entre l'unité théorique du *Populus Romanus* et le *Pater familias,* il n'y a rien. Il n'admet pas d'organismes intermédiaires, et il est si loin de favoriser la conception juridique du groupement, qu'il repousse même la liberté d'association. A ses yeux, des hommes s'unissant spontanément dans un but déterminé, commettent un acte de défiance et d'hostilité envers l'Etat, source unique de l'activité sociale. L'association n'existe que quand elle est reconnue par le Prince. Mais alors encore, l'indivi-dualisme conserve sa toute-puissance : le Romain est tellement pénétré de la conviction que l'individu seul est une personne, qu'il ne peut accorder d'existence réelle à une collectivité de personnes. Quand il veut introduire dans le droit privé une association, il ne voit d'autre moyen que d'en faire un individu nouveau, pour lequel il crée la fiction de la personne civile. Cette création conventionnelle d'un individu nouveau demeure complètement étrangère aux êtres vivants qui composent le groupe juridique, et le groupe juridique, à son tour, ne dépasse pas le type d'un conglomérat où chaque unité reste ce qu'elle était et n'apporte ou n'emprunte rien à la personne civile.

La société romaine, sous l'Empire, a le caractère d'un agrégat d'individus tous égaux, parqués administrativement dans des collèges, des municipes, et non groupés organiquement. Elle nous montre des individus disséminés en face d'un État absolu qui supprime les vies collectives, qui tyrannise, nivelle et paralyse les vies particulières, qui met tous les pouvoirs, toutes les nations à la merci d'un seul homme et arrive à la fois au maximum possible d'atomisation en face du maximum possible de centralisation.

Les légistes de la Renaissance n'ont donc qu'à s'appuyer sur le droit romain pour réduire les organismes locaux en divisions administratives, mettre en tutelle les forces collectives, leur refuser une place dans le droit public, arracher les individus à l'existence corporative et les parquer dans des cadres artificiels, de façon à éliminer de la vie sociale ses éléments les plus solides.

Et Napoléon Ier, se drapant dans le manteau de la Rome impériale et hanté de la vision des Césars, promènera à son tour à travers l'Europe son rêve de centralisation et d'isolement à outrance de l'individu.

La philosophie politique contribue de son côté au triomphe de l'atomisme individualiste. Dès le XVIe siècle, elle s'appuie sur la théorie du contrat social et fait remonter l'origine de la société à un contrat. La théorie du contrat social naît à cette époque dans la démocratie protestante, où elle est mise en relief par Hotman, l'auteur du *Franco Gallia*, et surtout par l'ouvrage *Vindiciæ contra Tyrannos*, de Hubert Languet.

Au xvii° siècle, on la retrouve chez un absolutiste comme Hobbes, un libéral comme Locke, un juriste comme Grotius. Elle se répand au xviii° siècle, avec Rousseau et Kant, et inspire les théoriciens de la Révolution.

La thèse du contrat social est, à ses débuts, la défense de la liberté contre l'arbitraire du Prince. Elle est, à son apogée, l'affirmation du dogme de la souveraineté de chaque citoyen et l'assimilation de la société à une juxtaposition d'unités égales entre elles.

« Les philosophes, écrit Taine, avaient transporté « la souveraineté hors de l'histoire dans le monde « idéal et abstrait, dans une cité imaginaire d'hommes « réduits au minimum de l'homme, infiniment sim- « plifiés, tous semblables, égaux, détachés de leur « milieu et de leur passé, véritables pantins qui « levaient la main du même geste rectiligne pour « voter à l'unanimité le contrat social (¹). »

Chez tous, l'on retrouve la même préoccupation : élever l'individu très haut. Tous aboutissent aux mêmes conséquences : enlever à l'individu tout point d'appui.

Pour Rousseau, « il ne faut plus de société partielle « dans l'État ». « Le but à atteindre, c'est que chacun « n'obéisse qu'à lui-même et reste aussi libre qu'aupa-

(¹) TAINE, *Le Régime moderne*. Vol. I, p. 164.

« ravant. » « Il est absurde que la volonté se donne
« des chaînes pour l'avenir » (¹).

Pour Kant comme pour Rousseau, le contrat origi-
naire a fait de la volonté individuelle une volonté
autonome, législatrice, se donnant la loi à elle-même.
Il proclame en ces termes la supériorité de l'individu : « Considéré comme personne, l'homme est
« au-dessus de tout prix. Il possède une dignité par
« laquelle il force au respect de sa personne toutes les
« autres créatures raisonnables et qui lui permet de
« se mesurer avec chacune d'elles et de s'estimer sur
« le pied de l'égalité (²). »

Il serait odieux de ne pas rendre justice aux nobles
esprits qui ont contribué à l'émancipation de l'être
humain. On ne peut méconnaître toutefois qu'ils
n'aient enfanté l'école des thuriféraires de l'individu.
Ceux-ci, exagérant la part de vérité contenue dans les
idées de ceux-là, ont voulu faire de chacun de nous
un fondateur de société, un maître inviolable, doué
d'une liberté absolue qu'il faut se garder d'entraver.
Ils n'ont imposé au citoyen, au propriétaire que
l'obligation toute négative de ne pas nuire à autrui.
Ils ont ébranlé le droit social en lui donnant comme
fondement instable et vacillant une poussière d'atomes,
et en le livrant ainsi au jeu de forces éphémères.

On a vu la Révolution française prendre des millions d'individus, les supposer sans liens entre eux,
sans passé, sans devoirs, attendre de leurs libres
volontés ainsi suspendues dans le vide la création

(¹) *Contrat social. Passim.*
(²) *Kant. Doctrine de la vertu.* PAUL JANET. Vol. II, p. 638.

d'un monde nouveau et oublier que s'il faut vouloir être libre, il faut aussi savoir être libre, c'est-à-dire organiser la liberté.

Mais si le droit romain et la théorie du contrat ont exercé leur action sur notre société, les faits et les doctrines économiques lui ont donné une empreinte décisive, en surexcitant au dernier point l'aiguillon de l'intérêt personnel et de la libre concurrence.

D'abord, le passage de l'état agricole à l'état industriel et de la petite industrie à la grande, marque au xviiie siècle le passage de la société organique à la société individualiste. Commencée en Angleterre (¹), l'évolution s'étend bientôt au continent, amenant à sa suite avec plus de richesses plus d'individualisme.

Cela était inévitable. La grande industrie ne pouvait plus se contenter des débouchés locaux et travaillait pour le marché international. Elle s'y trouvait aux prises avec les rivaux de l'étranger et se voyait obligée d'économiser de plus en plus sur les frais de production. Aussi, de plus en plus, elle est amenée à réunir des capitaux, à construire des fabriques colossales, à y entasser des machines perfectionnées à lutter contre des concurrents. A mesure qu'elle prospère, il lui devient plus difficile de se mouvoir dans les cadres qui contenaient anciennement les travailleurs et qui, désormais trop étroits pour elle, se brisent sous son élan énergique et continu.

Au progrès de l'industrie correspond rapidement la multiplication des centres industriels, un afflux de

(¹) Schulze-Gavernitz, *Zum socialen Frieden*, vol. I.

population dans les villes, la concentration dans leurs murs de grandes masses ouvrières, en un mot, le développement du prolétariat moderne.

On eût peut-être songé, cependant, à enrayer un mouvement dangereux en lui-même, si les industriels, au lieu d'être mis en garde contre ses conséquences, n'eussent trouvé une doctrine, pour leur inspirer la certitude qu'ils étaient dans le vrai, et pour légitimer à leurs yeux les abus.

Les physiocrates et les encyclopédistes, expression de la réaction des droits naturels contre les droits historiques, de la liberté contre les excès du gouvernement, de l'égalité contre les privilèges féodaux et les monopoles, concevaient les hommes libres et égaux et disposant de leur personne à leur gré. Seulement, au lieu de les voir dans la réalité de la vie, membres d'une famille, d'une communauté, d'un groupe social, ils repoussaient l'action de l'ensemble organique sur l'individu, dont ils faisaient un être détaché de son milieu, parfait par lui-même et relié à ses semblables uniquement par l'échange. Il n'y avait qu'à le débarrasser de toute entrave, de toute intervention et à l'abandonner à l'empire des lois naturelles; sous le règne de la nature, l'intérêt de chacun lui indiquerait le mieux ce qui est le plus utile.

Ces idées ont inspiré Adam Smith. Son livre : *Recherches sur la nature et l'origine de la richesse des nations*, publié en 1776, fait de lui le vrai père de l'individualisme atomistique moderne.

Son esprit humanitaire et libéral avait en vue l'affranchissement de l'ouvrier et il ne pouvait prévoir, en 1776 (alors qu'il n'y avait ni capitalisme, ni machinisme), qu'en combattant dans l'intérêt des ouvriers la réglementation d'en haut et celle d'en bas, c'est-à-dire le régime mercantile et les jurandes, il défendait une théorie que ses successeurs allaient invoquer contre ceux qu'il voulait protéger.

Le reproche à lui adresser n'est pas d'avoir émancipé le travail, d'avoir proclamé l'égalité et la liberté des individus, mais d'avoir fait le vide autour d'eux; de les avoir laissés à leur instinct, livrés aux tentations de l'intérêt personnel.

C'est le désir du gain éveillé chez l'individu isolé qui doit produire l'harmonie sociale; c'est l'individu isolé auquel l'État doit garantir la liberté de ses appétits, de ses goûts, de ses dispositions. « C'est l'intérêt individuel qui défend le mieux le droit du propriétaire (¹). » Chacun réalisera le mieux le bien de l'ensemble en réalisant d'abord son bien à lui; la libre concurrence des intérêts individuels est la meilleure façon de réaliser l'intérêt général; l'amour de soi-même devient le fondement de toutes choses et le conflit des égoïsmes, la base de l'ordre social.

Adam Smith, c'est là sa grande erreur, n'a pas compris le sens historique des corporations et n'a aperçu que leurs défauts. Il est hostile au principe même de l'association; il partage le préjugé romain et voit dans tout désir d'association une tendance révolutionnaire, un acte de mauvais gré à l'égard des autorités : « Dès que des ouvriers d'un métier se

---

(¹) Honoré Péroux, *Napoléon I⁰ʳ*, p. 274.

« réunissent, écrit-il, c'est pour conspirer contre le
« bien public, pour faire monter les prix. On ne peut
« leur défendre la réunion. Mais la loi ne doit rien
« faire pour la faciliter ou la rendre nécessaire. »

Pour détruire des abus incontestables, il ébranle le
principe de cohésion si nécessaire à la vigueur du
corps social, et laisse dans l'organisme économique
une lacune immense qu'il ne cherche pas à combler.

Avec l'impassible confiance d'Adam Smith dans la
nature de l'individu, avec ce rôle assigné à chacun
d'améliorer sa condition sans s'occuper des autres, la
vie devient un corps-à-corps pour la conquête des
meilleures places, et les plus forts ont le droit de
marcher sur les plus faibles tombés dans la mêlée.

Le XVIIIe siècle est l'aboutissement de ces tendances
multiples. Le droit, la philosophie, l'économie politique, tout converge vers l'explosion qui remplace
soudain la réalité traditionnelle des organismes historiques par l'idéal de la liberté de la personne. Voltaire,
Rousseau, d'Alembert et Helvetius comme Adam Smith
et Turgot, comme la Constituante et les Girondins,
rompent avec la conception organique et ne laissent
subsister que l'individu et l'intérêt de l'individu, dont
ils font le pivot de toutes les conceptions économiques,
politiques et morales, et dont Bonaparte fait le pivot
de sa puissance. Les disciples de l'illustre fondateur
de l'économie politique classique ont suivi le chemin
qu'il leur avait tracé. Ils n'ont pas eu un instant d'hési-
tation ou d'incertitude. Ils devenaient même plus
dogmatiques à mesure que les faits se dressaient devant
eux pour les ébranler dans leur conviction, et il est

permis d'affirmer que leurs illusions comptent parmi les causes du trouble profond de notre époque. L'individualisme égoïste et mal compris, en donnant naissance à l'atomisme et à ses abus, a conduit à la conception socialiste.

Les classes dirigeantes ont puisé dans la théorie économique la conviction que leurs rapports avec les déshérités étant uniquement réglés par la nature, tout souci à leur égard était superflu et toute intervention une folie.

L'homme, leur disait-on, est responsable de ses actes, et pour subvenir à ses besoins, il n'a à compter que sur lui-même. Personne ne doit nuire à autrui. Personne ne doit aider autrui. Tous ayant les mêmes droits, l'intervention de la communauté ou de quelques-uns au profit des autres est un privilège en faveur des secourus et au détriment de la masse.

Les obligations que le seigneur féodal avait vis-à-vis du vassal constituaient pour celui-ci une sorte de protection. L'industriel moderne n'a plus d'obligations vis-à-vis du prolétaire. La propriété et la fortune donnent le droit d'user et d'abuser ; elles ne sont plus des fonctions sociales. Le maître emploie ou délaisse l'ouvrier suivant qu'il y trouve son profit, et quand il a payé le salaire, il est libéré vis-à-vis du salarié. Le contrat de travail est un contrat comme un autre, qui a pour objet une marchandise comme une autre, la main-d'œuvre. On n'a qu'à appliquer à ce contrat les règles du droit romain sur l'*emptio-venditio ;* les deux contractants étant libres et égaux s'arrangeront selon leurs convenances.

Or, cette assimilation de l'employeur et de l'ouvrier à deux individus égaux débattant librement le prix d'une marchandise, était une erreur colossale.

Le contrat de travail, Engel et Brentano l'ont démontré, a pour objet l'utilisation de la force du travailleur. Le travailleur ne se borne pas à livrer une marchandise comme un maquignon livre un cheval; le travailleur, pour livrer sa marchandise, doit employer son corps, son intelligence et son cœur.

S'il est vrai que les règles du droit romain suffisent à tout, c'est un fait régulier, normal, c'est un incident naturel de la vie de tous les jours, que l'ouvrier refusant le travail surtout quand il est le plus utile à la société, et décrétant la grève générale.

Assurément, le préteur romain appliquant les règles du contrat n'eût pu voir là une situation révolutionnaire.

S'il est vrai que le droit romain suffise à tout, il n'y a aucune raison pour blâmer le patron, quand son intérêt l'exige, de forcer l'ouvrier à accepter sous la pression de la faim un salaire dérisoire; de négliger dans ses ateliers les mesures les plus élémentaires d'hygiène et de salubrité; d'accepter l'offre de travail d'enfants débiles ou même de malades.

L'assimilation aux règles classiques de l'*emptio-venditio* est impossible [1].

Le contrat romain suppose l'égale liberté des contractants. Et en proclamant la liberté sans l'organiser, en mettant face à face des individus isolés, vendeurs

---

[1] BRENTANO, *Die Arbeiter-Versicherung gemäss der heutigen Wirtschaftsordnung*. Leipzig, 1879 (p. 19 et 20).

et acheteurs de travail, en leur disant : « Débattez vos intérêts à votre gré », le régime moderne n'a pas vu l'abîme existant entre l'ouvrier et le capitaliste.

L'ouvrier, pour vivre et élever sa famille, a besoin, au point de vue physique, de force, de sobriété, d'une santé à toute épreuve ; au point de vue moral, d'ordre, d'épargne, de discipline, d'intelligence. Et la moindre faiblesse, le moindre oubli, la plus légère secousse le mettent, lui et les siens, hors des rails.

Assurément, le capitaliste pris individuellement ne prospérera pas sans fortes qualités morales et intellectuelles. Toutefois, dans la grande industrie, dans la société anonyme, tous ceux qui forment le capital n'ont pas besoin de ces qualités au même degré.

Comparez la vie de l'ouvrier à la vie de l'industriel. Ils ont l'un et l'autre à compter avec les mêmes événements, la destinée leur réserve les mêmes douleurs, la morale leur impose les mêmes devoirs.

Ils doivent élever leurs enfants, leur donner l'éducation et l'apprentissage. Ils doivent prévoir la maladie, l'accident, les infirmités, la vieillesse et la mort ; ils doivent prévoir des crises, des ralentissements de production, des chômages.

Quelle différence néanmoins dans la répercussion de ces événements !

D'un côté, grâce au capital, à la permanence des revenus, l'existence matérielle continue régulière et assurée, pour le chef de famille ou pour les siens. La voie est tracée. La machine continue à rouler.

De l'autre, chacun de ces incidents entraîne des sacrifices pénibles, de profondes secousses, un bouleversement complet; les ressources sont taries et le problème de la misère apparaît.

Comment donc admettre dans le contrat de travail l'égalité des contractants?

En outre, dans le contrat de travail, il y a (ce que l'on ne rencontre pas dans les autres contrats de vente ou d'achat) des devoirs moraux réciproques.

Il ne suffit pas que chacun ne songe qu'à son intérêt personnel immédiat. Chacun doit songer à l'intérêt d'autrui. Chacun doit faire un certain sacrifice de son avantage présent pour mieux assurer l'avantage futur de tous.

L'industriel doit accorder des salaires élevés et des journées réduites pour que la classe ouvrière grandisse en intelligence, en dignité, en moralité.

L'ouvrier doit, en discutant son salaire et ses heures de travail, tenir compte de l'état du marché international pour que l'industrie ne succombe pas sous le poids de la concurrence.

Le contrat de travail ne met pas en présence deux individus, un acheteur et un vendeur de travail, mais deux organismes, l'industrie et le prolétariat; l'intérêt social l'emporte sur l'intérêt individuel, la conception sociale sur la conception atomique.

Mais la conception atomique a triomphé, et avec elle ont triomphé tous les excès de l'égoïsme individuel.

Les patrons, privés de frein modérateur et excités par la concurrence, ont imposé aux ouvriers des conditions toujours plus dures, des salaires toujours moins élevés, des journées de travail toujours plus longues. Ils ont recruté des travailleurs toujours plus incultes et plus avilis, leur ont offert des conditions d'hygiène et de salubrité toujours plus désastreuses, et leur ont abandonné une bouchée de pain qu'ils étaient réduits à se disputer avec leurs femmes et leurs enfants devenus des rivaux. L'Anglais Nasmyth, le grand fabricant de machines, s'était enrichi en substituant dans son usine les jeunes garçons aux adultes. Appelé à Londres devant la commission d'enquête sur les Trade-Unions, il fit la déposition significative suivante : « Pour un fabricant, « il est désirable de pouvoir compter sur une grande « masse d'ouvriers en quête d'ouvrage. » Et comme on lui demandait ce que devenaient les ouvriers inoccupés et leurs familles, il répondit : « Je n'en sais « rien ; je laisserais cela à l'action des lois naturelles « de la société (¹). »

Turgot et Ricardo avaient établi d'ailleurs la théorie du salaire naturel, c'est à-dire du salaire descendant, en vertu des lois naturelles, à ce qui est strictement nécessaire pour ne pas mourir. Ricardo démontrait, fort logiquement, qu'il n'y avait pas à se préoccuper des conséquences de l'action des lois naturelles en cette matière, car le but à atteindre était la richesse, et la richesse restait invariable, quel que fût le taux de la population. Peu importait donc que la population fût décimée ! « Pourvu, dit-il, que le revenu « net de l'Angleterre, que ses fermages et ses profits « soient les mêmes, qu'importe qu'elle se peuple de

---

(¹) Cette déposition est rapportée dans le livre de Quack, *De Socialisten*. Vol. I. Introduction.

« 10 ou 12 millions d'individus? Quoi donc! la
« richesse est tout et les hommes ne sont rien ([1]). »

Et tandis que Ricardo se montrait simplement indifférent aux fluctuations d'une population minée par la
faim, Malthus, nous l'avons vu, effrayé de l'augmentation des bouches à nourrir, s'en remettait à la liberté
pour en réduire le nombre. L'industriel avide de profits
admettait sans difficulté que secourir les malheureux
c'est accroître le nombre des pauvres, que donner de
l'occupation par bonté, c'est créer un inoccupé, que
ne pas tirer du contrat du travail tout ce qu'il peut
donner et tenir compte de la situation misérable de
l'autre contractant, l'ouvrier, c'est de la philanthropie
malsaine.

Et, contradiction poignante et cruelle, les économistes qui, à certains moments, désireux d'avilir le
prix de la main-d'œuvre, voyaient dans le progrès de
la population un bénéfice pour l'industrie, en arri-
vaient cependant, aux époques de ralentissement de
production, à compter sur les guerres, les épidémies,
la mortalité effrayante des enfants pauvres comme
remède à un surplus de bouches inutiles!

Un mal en engendrait un autre : à côté d'une classe
moyenne riche, mais indifférente aux souffrances et
uniquement préoccupée de l'accumulation des capitaux, on voyait s'étendre la plaie du paupérisme.

Le paupérisme, dans sa forme actuelle, est une
chose bien particulière au XIXᵉ siècle.

Jadis la cité et la patrie se confondent, l'homme vit

([1]) Espinas, *Histoire des doctrines économiques*, p. 301.

et meurt où il est né, la commune est la réunion des familles : on grandit, on vieillit ensemble ; on se soutient dans le malheur, et, jusqu'à la fin du moyen âge, l'histoire des institutions publiques en Europe est l'histoire de la responsabilité et de la garantie collectives. Le pauvre n'est pas hors la loi, il trouve aide et protection auprès de ses frères.

Peu à peu, toutes les fraternités, les gildes, les corporations, sociétés d'assurances réciproques, refuges contre l'adversité, abris contre la misère, écoles de charité et de solidarité s'écroulent, et au lieu d'un sol couvert des plantes vigoureuses de la mutualité et de la coopération, il n'y a plus qu'une plaine aride et déserte où souffle un vent de discorde. Grâce à la facilité des communications, à l'esprit d'entreprise et d'aventure chassant l'homme du foyer et le lançant dans l'inconnu de la grande mêlée, la commune n'est plus la collectivité des familles; elle est la réunion éphémère d'éléments étrangers les uns aux autres. Un caprice les attire, un autre les disperse. Une commune n'a plus *ses* pauvres qu'elle connaît, soutient et nourrit; elle a *des* pauvres qu'elle ne connaît pas, des nomades dangereux contre lesquels elle doit se défendre. Le wargus de l'ancien droit germanique qui, chargé du poids de son crime, erre pour échapper à la vengeance, revit en certains points dans l'indigent moderne qui erre pour échapper à la peine ou au dépôt de mendicité.

La distribution même de la population dans les grandes villes, la séparation des quartiers riches et des quartiers pauvres est un obstacle au maintien des liens sociaux. Les riches n'ont pas sous les yeux le spectacle des souffrances humaines ; seuls les philanthropes qui vont aux pauvres, les aperçoivent, les autres les ignorent, et les misérables vivent à part dans leur abaissement, les privilégiés dans leur luxe.

Déjà l'individu dégagé des liens sociaux, atome séparé de la molécule chimique dont il fait partie, ne se développe pas de façon régulière. Il conçoit d'une manière plus radicale que l'être incorporé dans un milieu social. Il ne saisit pas la vie d'ensemble et ne se rend pas compte du sacrifice qu'il y a à lui faire ; c'est pour cela que l'isolement aboutit soit à la philosophie de la force ou de l'intérêt, soit au pessimisme. L'individu isolé va plus vite au doute, à la négation, au désespoir.

Mais, quand à l'isolement se joint l'abandon et la misère, quand le malheureux se trouve semblable au voyageur perdu dans les sables du désert, quand il recherche le pourquoi de la souffrance sans obtenir de réponse à sa question, il passe de la tristesse au désir d'un bouleversement social.

Quand il entend dire que chaque homme est libre de poursuivre la satisfaction de ses appétits, que chacun doit gagner le plus possible pour contribuer au bonheur de tous, lui, qui ne possède rien et ne gagne pas assez, en arrive à considérer comme équitable que chacun ait la même somme de bonheur et songe au partage des biens.

Quand aigri, déçu, il se trouve sans intermédiaires en face de l'État abstrait qui passe pour veiller de loin et de haut sur toutes choses, il en arrive à considérer l'État comme le seul obstacle à ses aspirations et rêve soit 'de le conquérir, ce qui est l'essence du socialisme, soit de le détruire, ce qui est l'essence de l'anarchisme !

Les philosophes, qui les premiers ont propagé l'idée de la liberté individuelle, songeaient à la liberté morale de l'individu plus qu'à son intérêt. Les économistes, eux, ont certainement plus songé à l'intérêt personnel qu'à la liberté morale de l'individu; et leurs tendances adoptées par la classe moyenne comme un drapeau, ont eu le mérite d'endiguer le despotisme, et le défaut de dissoudre l'esprit social et d'ébranler la sécurité publique.

L'influence de l'égoïsme individualiste ne s'est pas fait sentir seulement dans l'ordre économique. Nous la retrouvons partout, même dans la famille.

Un observateur attentif, M. Fournier de Flaix, déplorant l'arrêt de croissance de la population française, écrivait : « Les préférences données dans nos institutions, nos lois, nos mœurs, nos idées, depuis un siècle au moins, à l'individu sur la famille peuvent affaiblir la puissance de renouvellement et de développement de la nation [1]. » Et M. Fournier de Flaix entrevoit le moment où la population de la France sera réduite à 30 millions.

Il est certain que le code civil a morcelé la famille, comme le droit public a morcelé la société. La législation civile a jeté les héritages aux quatre vents du ciel, elle a enlevé au groupe familial le

[1] *L'Économiste français*, 30 juillet 1892, p. 134.

sentiment de la continuité, elle lui a donné la sensation d'un être éphémère qui est entraîné dans la circulation formidable des choses [1]. La réforme du *Home Stead,* dont l'origine est dans la législation américaine et dont le but est la constitution d'une petite réserve mettant le foyer familial à l'abri de la saisie, du partage forcé et de la ruine, est un essai de réaction contre ce morcellement.

Le principe de désagrégation a donc agi sur la famille, et il a agi sur la famille d'en haut comme sur celle d'en bas.

Dans les couches inférieures, il nous a montré, vers le milieu du siècle, le foyer conjugal désert, le père affalé sur le banc d'un cabaret pendant que la femme et l'enfant lui font concurrence à l'usine; le travail de nuit les rendant étrangers les uns aux autres et empêchant tout rapprochement des époux autre qu'un accouplement furtif de bêtes fauves; l'enfance laissée à la promiscuité hideuse des taudis, des ateliers, des rues, et préparant ainsi à la criminalité des recrues certaines; en un mot, chacun de son côté engagé pour son compte dans la lutte pour l'existence.

En haut, la recherche des jouissances a produit des résultats analogues :

De même que l'ouvrière a été entraînée dans sa vie

[1] Dans le volume posthume de Taine sur les origines de la France contemporaine, on lit (avant-propos anonyme) que Taine comptait étudier comment le code civil et tout le système individualiste français avec son esprit égalitaire et niveleur a abouti aux plus fatales des conséquences : le rétrécissement de la famille et la décroissance de la natalité.

de misère, la bourgeoise a été entraînée dans une vie
de luxe et de frivolité; elle a dû livrer ses enfants à
l'abandon ou les confier à des mercenaires et ne leur
consacrer que des moments fugitifs. Les théâtres, les
cirques, les fêtes mondaines, les courses, le sport, le
jeu, les toilettes, la lutte pour l'apparence, l'ostentation et la vanité ont créé dans une certaine partie de
la bourgeoisie les forçats du plaisir, comme l'industrie, les machines, la concurrence ont créé les forçats
du travail dans une certaine partie du peuple. Les
conséquences ont été identiques : plus de famille,
plus d'éducation ; l'enfant grandissant au hasard sans
idéal, sans but, mûr bientôt pour le désœuvrement
et l'inconduite, perpétuant les traditions d'isolement
égoïste dont il est la victime, et fournissant le type
du bourgeois viveur, désœuvré, ignorant, dont les
traits distinctifs sont la sécheresse du cœur, l'étroi-
tesse de pensée, la brutalité vulgaire, type qui diffère
si peu de celui du mauvais ouvrier paresseux et
ivrogne.

En résumé, Kant a défini le droit : « L'ensemble
« des conditions sous lesquelles la liberté de chacun
« s'accorde avec la liberté de tous. »

Pourquoi cette définition nous paraît-elle une insai-
sissable abstraction? Pourquoi ne peut-elle plus servir
de base à l'ordre social? Parce qu'en fait, la liberté de
chacun ne s'est pas accordée avec la liberté de tous.
Et l'on en revient toujours à la même conclusion :
le défaut de notre société, c'est d'avoir méconnu la
nécessité du principe organique, d'avoir donné au
droit un support trop faible : l'individu isolé.

L'homme gravissant péniblement la rude montée de
la vie, sans être soutenu par personne, se sent ignoré,
perdu et va à la dérive. Il doit chercher un supplé-
ment de force dans l'esprit d'organisation et d'association.

CHAPITRE V.

L'idée sociale et le groupement organique.

Tendance universelle au groupement organique. Dans la nature. Dans la philosophie contemporaine. Dans l'histoire. Le groupement des intérêts. Ses avantages et son rôle dans le droit moderne. En quoi il se distingue de l'ancien système corporatif et n'est pas un recul vers le passé. Union des capitaux. Union des personnes. Trade-Unions. Coopération. Portée du groupement dans la solution des questions sociales.

Je viens de montrer comment, sous l'action de la philosophie, du contrat social, du droit romain et de l'économie politique classique, la doctrine individualiste en arrive à dissoudre les organismes locaux, à confondre l'idée d'association avec l'idée de monopole et de privilège et à constituer ce qu'on a appelé : le nouveau régime. Ce régime, pour avoir dédaigné et méconnu la force de l'organisation, a été déçu dans ses espérances. Il a proclamé la liberté ; l'autorité se redressant l'a courbé sous le joug. Il a proclamé l'égalité ; l'inégalité s'est développée avec ses contrastes les plus aigus. Il a proclamé la fraternité ; la haine s'est déchaînée avec une fureur de tempête. Et nous avons assisté à une période de lente désagrégation, au cours de laquelle les ferments destructeurs l'ont emporté sur les éléments de conservation (¹).

La nature, cependant, est la première à nous donner la preuve de la tendance universelle à la cohésion.

Sous l'influence des théories de Wallace et de Darwin, on s'est accoutumé pendant longtemps à ne voir dans l'univers qu'une mêlée affreuse de forces aveugles ne laissant survivre que les plus aptes, Or, à côté de la lutte pour la vie, la contemplation du cosmos nous révèle la coopération pour la vie. L'attraction en astronomie, la cohésion en physique, l'affinité en chimie sont des conditions essentielles de l'ordre de l'univers.

Les molécules résultent du groupement et de la pénétration réciproque des atomes, les corps nouveaux résultent du groupement et de la pénétration réciproque des molécules. Les substances les plus complexes naissent d'associations diversement combinées d'éléments simples. En un mot, tout est groupement, coopération, concours autour de nous. Et que sont les groupements humains, sinon la reproduction, dans l'ordre social, du procédé d'évolution mis en lumière par Spencer : une différenciation croissante tendant à séparer les unités différentes et à réunir les unités semblables? Si un amas de protoplasme amorphe devient un merveilleux organisme, ne le doit-il pas à la segmentation, à la dissociation progressive des parties différemment conditionnées, à la concentra-

(¹) En France surtout, le droit public est resté hostile au principe d'association et a entravé le développement des associations par tout un attirail de lois et de décrets.

tion, à l'association progressive des unités semblablement conditionnées ?

Le parallélisme complet entre la vie organique et la vie sociale est souvent discutable ; mais ici il est évident. Pour Spencer, la loi de différenciation est la loi d'équilibre. L'homogène, c'est la masse indéterminée, instable, incapable de résistance. L'hétérogène seul, par la variété de sa structure interne, par la multiplicité des combinaisons, peut faire face à la variété des actions extérieures. Plus il y a spécialisation, plus il y a cohésion ([1]). Or, dans la société, l'homogène c'est la tribu sauvage où tout est confondu, où rien ne dure ; où l'homme ne se considère pas comme membre d'une collectivité et vit du produit de la chasse et de la pêche et des fruits des arbres, jusqu'au moment où un plus fort lui enlève sa substance. L'hétérogène c'est la société civilisée, divisée en organismes collectifs, arrivant par la division du travail à la division des fonctions, et présentant une force de résistance véritable.

Dès le début du siècle, des penseurs illustres appartenant aux opinions les plus diverses attiraient l'attention sur les dangers qu'allait courir la société désorganisée : Owen, avec le caractère pratique de sa race, créait des types de communautés industrielles en fondant ses célèbres colonies de New-Lamark et de New-Harmony ; Carlyle, enflammé de l'esprit du puritanisme écossais, combattait avec passion l'esprit individualiste et luttait pour la reconstitution des orga-

([1]) COLLIN, *Résumé de la doctrine de Spencer*. Traduction Varigny. Paris, 1891, p. 42.

nismes collectifs; Fichte, pénétré du respect des traditions, demandait, dans son livre : *Der geschlossene Handelsstaat*, le retour aux corporations ; Gœthe, indigné du caractère négatif du XVIIIe siècle, réclamait dans Wilhelm Meister une classification des travailleurs en maîtres, compagnons et apprentis; Fourrier et Saint-Simon, enclins aux rêveries sentimentales, proposaient, l'un ses « phalanges », l'autre sa hiérarchie des travailleurs, et Fourrier invoquait la loi, d'attraction de Newton qui doit régir le monde moral comme le monde physique. Tous avaient le même point de départ. Pour tous, la vie sociale était non la vie solitaire, mais la vie en commun. Pour tous, l'humanité devait tendre au groupement et à l'organisation.

Leur doctrine seule est vraie; seule elle peut conduire à l'équilibre social. Il suffit de regarder autour de soi. A un moment quelconque, il existe toujours, dit Brentano (¹), des êtres supérieurs, des êtres inférieurs et des êtres moyens.

Les êtres supérieurs constituent une élite, et pour cette infime minorité, la liberté individuelle est nécessaire et féconde.

Les êtres inférieurs, plus nombreux que les premiers, sont encore minorité. Incapables de se servir de la liberté, ils ont besoin de protection, et on leur apprend à être libres comme on apprend à marcher aux enfants, c'est-à-dire en les soutenant.

Enfin, les êtres moyens forment l'immense majorité.

(¹) LUJO BRENTANO, *Arbeits-Verhältniss gemäss dem heutigen Recht*, 1877.

Si l'autorité ne leur est pas indispensable, la liberté individuelle ne leur suffit pas ; il leur faut la liberté organisée, c'est-à-dire les groupements. Et c'est surtout dans les démocraties, là où l'égalité des conditions et le nivellement des rangs font disparaître les individualités puissantes, que l'association doit tenir lieu de ces dernières et jouer le rôle qu'elles ne remplissent plus.

On n'échappe pas autrement à la mêlée des appétits égoïstes : contenir toutes les volontés sous l'autorité d'un maître, c'est le despotisme de Hobbes et la monarchie absolue. Affranchir toutes les volontés par la fiction du contrat social, c'est le radicalisme de Rousseau et la démocratie absolue. Entre la liberté sans frein et l'autorité sans limites, il n'y a d'autre intermédiaire que la liberté organisée. Entre un État où les volontés sont isolées et un État où les volontés sont subjuguées, il n'y a place que pour un État où les volontés sont groupées en faisceaux résistants. Alors, au lieu de chercher à se nuire, les citoyens tendent à se prêter un mutuel appui et comprennent de plus en plus l'utilité du sacrifice dans l'intérêt collectif.

La caractéristique du groupement organique, c'est le concours de tous à l'œuvre commune. Que l'on prenne le groupe le plus simple, une société de tir à l'arc ou de musique ; ou le groupe le plus développé, une coopérative, une association professionnelle, on y distingue les mêmes traits généraux.

Toute association exige de ses membres un certain esprit de sacrifice. Chacun y donne quelque chose de soi en faveur des autres. Chacun renonce volontairement à une part de liberté en faveur d'avantages que lui fournit le groupe; et chaque groupe accepte volontiers de se soumettre à des règles nécessaires en faveur du but spécial qu'il poursuit.

L'individu isolé s'analyse, s'étudie, se replie sur lui-même, devient de plus en plus personnel, cède de plus en plus à ses sensations et finit par ne plus penser qu'à lui. Les individus associés acquièrent des idées plus larges et des sentiments plus élevés et plus désintéressés. L'homme isolé raisonne d'une façon abstraite et laisse agir les autres; les hommes associés sentent d'une façon concrète et cherchent à agir ensemble.

« Il n'y a de fécond, écrit Fouillée, que ceux qui « s'oublient eux-mêmes pour se donner à autrui (¹). » Cela revient à déclarer : Il n'y a de fécond que le groupement.

L'idée sociale ainsi entendue est donc l'antithèse de l'idée individualiste.

L'école individualiste dit à l'homme :

« Développe-toi, même au détriment d'autrui. Si tu « veux réaliser le plus grand bien de tous, réalise « d'abord ton propre bien. »

L'école sociale lui dit au contraire : « Développe « avant tout l'œuvre commune. Si tu veux réaliser « ton plus grand bien, songe avant tout à réaliser le « bien collectif. »

Les hommes sont destinés à vivre en commun; et la vie commune implique la notion de la communauté des intérêts. Chacun doit exclure de son esprit la ten-

(¹) *Revue des Deux Mondes*, 15 février 1894, p. 841.

dance au privilège, chacun doit se pénétrer de l'idée que les intérêts de ses semblables se confondent avec les siens, et c'est en multipliant les groupes que l'on se rapproche le mieux de la coopération organique de tous au bien de tous.

« La force de la civilisation, a dit Taine, ce sont les corps spontanés. » Assurément, pour que la société soit forte, il faut de fortes individualités; mais pour fortifier les individualités, il faut fortifier les groupements sociaux; l'homme leur doit tout ce qu'il est.

L'histoire nous fournit la preuve de la puissance et de la fécondité des groupements organiques.

L'association a assuré le développement régulier de l'humanité; elle symbolise sa jeunesse féconde, l'époque heureuse où l'on peut parler du génie silencieux des masses collectives parce que l'on sent palpiter l'âme collective, parce qu'il y a un idéal collectif.

Elle a permis aux générations de se relier entre elles; elle nous a fourni l'image d'une société existant indépendamment de la naissance et de la mort des individus; elle a matérialisé cette pensée de Pascal : « La suite des générations depuis tant de siècles doit « être considérée comme un homme qui vit toujours « et apprend toujours. »

Que l'on considère la société du droit germanique et du droit franc avec les Gaugenossenschaften, les Hundertgenossenschaften et, dans les campagnes, les Markgenossenschaften; ou la société du droit anglo-saxon avec les Shires, les Hundreds et les Tythings; ou la société du droit scandinave avec les Fylkgenossenschaften, partout apparaissent, non des créations factices de la raison et du pouvoir, mais des divisions naturelles fondées sur la réalité même; des communautés économiques ou sociales. Ces communautés ont pour élément constitutif, non l'unité individuelle, mais la collectivité familiale, le groupement de ceux que les liens du sang unissent dans un sentiment de solidarité et d'assistance. La collectivité familiale donne satisfaction aux besoins sociaux de ses membres; elle est à la fois juridique, religieuse, morale, économique; responsable des crimes commis par l'un d'eux, elle exerce le droit de vengeance, elle reçoit la composition quand un associé a été victime d'une infraction; elle garantit la propriété, la liberté, la vie.

Bientôt le droit purement familial n'est plus suffisant; la famille s'est agrandie, ses ramifications se multiplient, des étrangers s'y introduisent et l'harmonie du groupe élémentaire est rompue. A la simplicité d'intérêts qui le distingue au début succèdent la diversité et la complexité d'une civilisation déjà plus intense.

Dès lors, le foyer n'est plus l'unité sociale. Au-dessus de la concentration des hommes de même sang, s'opère la concentration des hommes libres de familles différentes. Les liens du sang se relâchent, les liens de voisinage se resserrent. L'homme libre sent le danger de l'isolement; il cherche aide et protection auprès de ceux qui vivent comme lui, et il forme avec eux une association volontaire pour l'ordre, la paix et l'assistance mutuelle. C'est la Freie Einung germanique, la Frith-Gild d'Angleterre, la gilde de nos régions.

La gilde reproduit, en l'élargissant, la collectivité familiale; elle en assume les devoirs. Elle assiste et indemnise ses membres dans toutes les circonstances difficiles ou pénibles, maladie, funérailles, naufrage, sécheresse, incendie, vol, etc. Elle les soutient en justice quand ils sont poursuivis ou qu'ils revendiquent leurs droits. En échange, elle compte sur leur dévouement et leur bonne conduite. Chacun trouvant dans sa collectivité appui et secours, est responsable vis-à-vis d'elle de l'ordre et de la tranquillité. C'est la forme vivante de la garantie mutuelle et de la responsabilité collective dont nous rencontrons l'expression dernière dans la fameuse loi anglaise de la *Franche caution* ou *Frank pledge*. Le cautionnement mutuel, l'obligation de maintenir l'ordre et la sécurité et de poursuivre les criminels qui, consacrée par Canut, Alfred, Athelstane, a persisté jusqu'aux Tudor, et dont on voit encore des survivances dans l'Angleterre moderne, formait l'essence du vieux droit anglais, et Green y découvre la base fondamentale de l'ordre social dans son pays (¹).

Le principe du groupement collectif pénètre peu à peu dans toutes les couches sociales. Les petits bourgeois, les artisans, les ouvriers sentent tour à tour le besoin de s'unir et de protéger leurs intérêts respectifs. Aux gildes créées pour défendre l'aristocratie

---

(¹) Voir les détails dans Fischel, *Constitution d'Angleterre*, t. II, p. 16. — Green, *Histoire du peuple anglais*. Trad. Monod. T. Iᵉʳ, p. 225.

terrienne contre le souverain, succèdent les gildes bourgeoises défendant le capital et le commerce contre la terre; puis les gildes ouvrières défendant le travail contre le capital.

Ainsi subsistent au-dessous du droit féodal les vieilles libertés populaires et le moyen âge devient une monarchie de classes où chacun est quelque chose dans son milieu et par son milieu. Ainsi le droit individuel se rattache au droit corporatif, le mérite et le démérite de l'individu se confondent avec le mérite et le démérite du groupe dont il fait partie. Ainsi grandit et se précise, dans le droit public et privé, cette notion de l'association corporative prenant l'homme tout entier avec ses aspirations, ses besoins, ses intérêts et continuant à vivre quand l'individu disparaît.

La commune du moyen âge nous en donne la synthèse. Elle est une corporation agrandie, comme la corporation est une commune en miniature. Elle est représentée dans son unité vivante par une série d'organes étagés en cercles concentriques de plus en plus larges : le conseil dirigeant, le large conseil, le conseil des bourgeois et, à la base, l'assemblée de la bourgeoisie, union de toutes les corporations urbaines, résumé de tous les intérêts sociaux de la ville.

La nation, à son tour, est le faisceau de tous les organismes sociaux constituant en quelque sorte les centres nerveux de la civilisation de l'époque. Elle n'est pas un simple assemblage d'hommes, elle est une fédération d'ordres et de groupes organiques; ordres religieux, militaires, corporations marchandes, professionnelles, artistiques, scientifiques, corps de métiers, etc. Il y a donc entre l'individu et l'État des intermédiaires nombreux avec un rôle considérable. L'individu ne se sent pas aussi libre qu'aujourd'hui ; mais il ne se sent pas aussi isolé ; l'État ne se détache pas aussi nettement de la masse, mais il gagne en réalité immanente. Il est la concentration tangible des forces sociales. Le système ne présente au regard ni la magnifique symétrie du nôtre, ni son admirable unité ; mais dans son irrégularité, il protège les libertés civiles et le gouvernement local (¹).

L'étude du moyen âge, après l'étude de la nature et de la philosophie, nous démontre donc que l'évolution naturelle de l'humanité c'est la tendance à l'organisation, et que l'organisation c'est l'adaptation progressive des différentes forces sociales aux différents buts sociaux.

Et si, faisant un pas de plus, nous recherchons le moyen de réaliser cette adaptation, nous le trouvons dans le groupement des intérêts. Le groupement fondé sur les liens du sang appartient aux époques primitives de la civilisation, le groupement fondé sur les divisions territoriales est une création artificielle du pouvoir. Le seul qui soit vraiment organique et vraiment libre à la fois a pour base la similitude des intérêts sociaux.

Le groupement des intérêts semblables est organique parce que les intérêts sociaux constituent en quelque sorte la membrure de l'humanité. Formés

(¹) Pour les détails, A. Prins, *La démocratie et le régime parlementaire*. Bruxelles, Muquardt, 1884.

depuis l'origine de la civilisation, ils se dressent à travers les siècles avec des contours d'une grande netteté. On a toujours distingué la terre, le capital, le travail, l'intelligence, la religion. On n'a jamais confondu les campagnes, les villes, l'agriculture, le commerce, l'industrie, la science, l'art, le droit, l'armée. On a toujours vu dans ces grandes forces les assises de la société.

Le groupement des intérêts semblables est libre parce que l'identité des intérêts rapproche spontanément les hommes. Quand ils vivent de la même vie, dans un même milieu, avec les mêmes occupations, les mêmes aspirations, les mêmes sympathies, les mêmes besoins, le même but, leur union est toujours plus volontaire. Ils sentent, ils pensent à l'unisson. L'intérêt personnel s'identifie avec l'intérêt collectif, car chacun, en recherchant son propre intérêt, est utile à l'intérêt général, et le dévouement au but commun profite à la poursuite du but particulier.

C'est ainsi que dans un orchestre chaque artiste, en jouant sa partie, tient compte du jeu des autres exécutants, et que le son des différents instruments se fond dans l'harmonieuse sonorité de l'ensemble. Et de même, pour obtenir l'harmonie sociale, il faut que la variété des égoïsmes se fonde dans l'accord symphonique des volontés.

Stuart Mill (voir son livre intitulé : *De l'utilitarisme*) expose comment il voudrait combattre les instincts égoïstes. Il espère y arriver par la contagion de la sympathie et par la permanence de l'éducation.

A son avis, le sentiment de la solidarité doit être

enseigné comme une religion et toute la force des institutions et de l'opinion doit servir à le développer. Il demande que chacun, depuis son enfance, soit enveloppé de la théorie et de la pratique de cette idée. Or, quelles institutions sont mieux faites pour atteindre un pareil résultat que les groupements d'intérêts? Les corporations du moyen âge, les Trade-Unions modernes sont des écoles semblables et elles illustrent, par des exemples décisifs, les aspirations de Stuart Mill.

Le groupement des intérêts est, en outre, la seule façon possible d'adapter au monde réel la théorie trop abstraite du contrat social. Elle la transforme dans un sens pratique en échappant à ce qu'elle a de nuageux. Oui, pour se soustraire à la barbarie ou au despotisme, les hommes doivent s'associer. Le contrat unique primitif entre tous est une hypothèse vague et arbitraire, un lien trop fictif et trop faible pour remédier à l'isolement de l'individu et maintenir ensemble les parties du corps social. Bluntschli et Taine ont raison de ne voir dans cette doctrine qu'une cause de morcellement et d'anarchie pour les nations. Mais au lieu du contrat social, unique et imaginaire, supposez une multiplicité de contrats partiels, mais conformes aux réalités de la vie, une foule de petites communautés fondées sur l'entente entre gens ayant le même intérêt à s'unir, la question change d'aspect. Il est d'autant plus aisé de conclure de tels contrats et de respecter la liberté qu'ils sont plus conformes à la nature, aux désirs, aux vœux des contractants, et plus il y a entre ceux-ci de points communs, plus la poursuite du but collectif répond aux tendances de chacun d'eux.

Quand Carlyle, Spencer, Stuart Mill, Guyau, Fouillée, entrevoient la cité parfaite, la coopération volontaire arrivée au dernier degré de développement, un avenir splendide où la théorie idéaliste du sacrifice à autrui se confondant avec la théorie sensualiste de l'intérêt personnel, aucun citoyen ne désirerait plus un bien pour lui qui ne fût en même temps un bien pour autrui, ils rêvent un idéal irréalisable. Toutefois, sans se lancer dans l'utopie, on peut essayer de réduire les conflits sociaux, d'adoucir la violence des chocs en rapprochant les intérêts identiques et en prenant autant que possible ces intérêts comme base du groupement des forces sociales.

On aura la certitude de fortifier le sentiment de la solidarité et peut-être sera-t-on plus près de la vérité que ne le fut Adam Smith quand, par des moyens diamétralement opposés, il a voulu, sans y réussir, réaliser le bonheur social.

Telle est d'ailleurs la force de résistance de l'instinct d'association, qu'il a subsisté malgré tout.

En Belgique, des traditions nationales séculaires et toujours vivaces ont maintenu et développé sans cesse l'esprit d'association dans ses manifestations les plus variées.

En France, malgré une législation hostile, les compagnons du Tour de France et ceux du Devoir sont parvenus à conserver, en s'entourant de mystère, les traditions, le symbolisme et les rites des groupements anciens.

Aujourd'hui que les groupes se multiplient et vivent au grand jour, que les hommes semblent de nouveau comprendre la nécessité de s'unir pour rester libres, on se demande parfois si la tendance qui restitue la vie aux atomes épars n'est pas un recul vers le passé.

Il n'en est rien. On peut affirmer, au contraire, qu'elle est un pas en avant vers la coordination des forces sociales, une étape nouvelle vers le progrès. Elle se distingue, en effet, nettement du système ancien et elle a un premier signe caractéristique : je veux parler de la variété des formes d'association, de la multiplicité et de la spécialité des intérêts dont la réalisation peut être poursuivie [1].

La corporation du moyen âge, garantissant à l'associé l'ensemble de sa personnalité, enchaînait l'homme et l'absorbait. En le séparant des autres groupes, en traçant entre les groupes des démarcations tranchées, elle aboutissait à constituer des ordres et des privilèges.

L'association actuelle n'absorbe plus la totalité de la personne ; ne garantissant à l'individu qu'un résultat déterminé, elle n'a vis-à-vis de lui que des exigences plus restreintes. La spécialisation du but entraîne naturellement la spécialisation du sacrifice que chacun doit à son groupe.

J'ajoute que la complexité de notre civilisation fournit d'innombrables occasions de groupement répondant aux besoins les plus modestes comme aux aspirations les plus élevées : associations de droit

[1] Voir OTTO GIERKE. *Das deutsche Genossenschaftsrecht*. Berlin. (3 volumes.) Tome I, 1868; tome II, 1873; tome III, 1881.

public et de droit privé; associations dans un but
religieux, politique, social, économique, commercial,
agricole, philanthropique, scientifique, professionnel,
moral, artistique, d'hygiène, d'agrément, etc. Et dans
chacune de ces directions, il y a des subdivisions à
l'infini et l'on peut dire que le droit moderne ne met
aucune limite au développement des associations.

Chacune d'elles a sa signification précise, son organisation propre, ses règlements particuliers fixant les
droits et les devoirs des associés conformément aux
intérêts de l'œuvre commune. Ce sont toujours les
qualités et les dispositions personnelles, l'adhésion
au but annoncé qui décident de l'entrée des membres
dans la société. Le citoyen n'est pas obligé de choisir;
il peut à son gré être membre d'une seule association
ou de plusieurs associations à la fois. Mais son
individualité juridique n'est jamais épuisée. Il y a,
il est vrai, des associations qui réunissent en un
ensemble divers buts spéciaux; elles acquièrent alors
une grande importance économique et sociale; elles
peuvent contribuer, comme les Trade-Unions, à
l'émancipation d'une classe sociale. Toutefois, celles-là
même, si elles absorbent parfois l'activité matérielle des associés, n'absorbent pas leur personne
juridique.

Les groupements modernes sont donc compatibles
avec la liberté. L'homme qui se sentira assez fort
pour être utile en vivant seul, et dont le développement sera assez complet pour que sa vie individuelle soit une vie sociale, ne songera pas à s'unir
à d'autres.

De plus, l'enchevêtrement de toutes les structures variées qu'offre l'association moderne, de tous les buts si nombreux qu'offre la culture moderne, est une garantie contre le rétablissement du monopole corporatif et des privilèges.

Il en est ici des groupes comme des classes : les classes ont toujours existé; elles sont la première manifestation de la tendance de l'humanité au groupement des intérêts; elles sont dues à l'analogie des conditions, de l'éducation, des sentiments, des droits et des devoirs; elles ne sauraient disparaître, mais elles se modifient. Les anciennes classes étaient fermées; elles avaient leurs mœurs, leurs coutumes, leurs privilèges. Les classes modernes sont ouvertes et n'ont plus que des intérêts distincts. Le retour à des ordres fermés est impossible. Le droit public, la culture générale opposent à leur reconstitution d'insurmontables obstacles. Il y a encore des nobles, des bourgeois, des ouvriers. Ils divisent la société en couches transversales; ils ne la divisent plus en couches horizontales.

La transformation des groupes en corporations fermées et privilégiées est tout aussi impossible et tout aussi contraire à la marche de la civilisation. Le groupement moderne n'a plus pour but d'absorber l'individualité; il a pour mission de la soutenir et de protéger son intérêt. Il recrute ses membres dans tous les rangs sociaux. On appartient à une classe; l'on peut appartenir à des groupes multiples. Et plus la culture se généralise, plus elle empêche les groupes de dégénérer en castes.

Si donc le moyen âge donne à la civilisation quelque chose d'organique sans toujours sauvegarder le libre épanouissement de la personne et le sentiment de l'unité nationale, la tendance moderne assure l'intensité de la vie organique sans étouffer l'individualité de l'homme ni détruire l'unité de l'État.

L'association moderne se développe dans tous les domaines, mais elle a surtout produit de grands résultats dans le domaine économique.

Elle y apparaît sous deux formes essentielles : l'association des capitaux et l'association des personnes.

L'association des capitaux, c'est la société anonyme ou par actions. Elle a été la première collectivité économique de notre époque. On lui doit le merveilleux essor de l'industrie. Elle a provoqué le prodigieux développement des richesses dont la splendeur a ébloui la bourgeoisie, mais elle a favorisé outre mesure l'esprit de spéculation et n'a rien fait pour le développement moral de la personne de l'associé qui devient une quantité négligeable et s'efface devant le capital. Il importe peu au succès de l'entreprise que l'action tombe entre les mains d'un incapable ou d'un travailleur intelligent. Les actionnaires peuvent être dispersés aux quatre coins de l'univers et ne rien connaître de l'œuvre à laquelle ils fournissent des fonds, ils ont le droit d'avoir une préoccupation unique : celle de toucher leurs dividendes.

La société anonyme répond à la doctrine d'Adam Smith, elle est l'expression de l'égoïsme optimiste. Elle a pour mobile l'intérêt personnel, pour but le gain, pour résultat la concentration et le triomphe du capital. Aussi quand le capitalisme, abusant de sa force, menace les classes inférieures, on voit renaître, pour s'opposer à sa domination et arrêter sa marche victorieuse, le second type économique de l'association, l'association des personnes qui est l'antithèse de l'association des capitaux et dérive des plus vieilles traditions de l'humanité.

L'union des capitaux a été le levier de la bourgeoisie. L'union des personnes dans un but économique a été le levier du peuple ; pour comprendre son immense portée, il suffit de se rappeler que la population adonnée aux occupations économiques comprend la majeure partie des citoyens actifs. En Allemagne, en France et en Angleterre, la proportion est de 9/10 (¹).

L'union des personnes a pour mobile le self-help, pour but l'intérêt collectif, pour condition essentielle l'activité, l'intelligence, la conscience et l'ardeur des associés. Pour réussir, elle a besoin du contact permanent de ses membres, de leurs efforts constants, de leur dévouement à la communauté, de leur confiance réciproque. La société anonyme développe surtout l'esprit de lucre, l'association des personnes éveille surtout les instincts moraux, les penchants altruistes; elle trempe le caractère et la volonté et fait appel à l'esprit de sacrifice. L'union ouvrière qui décide une grève commet parfois une erreur; elle offre toujours un exemple moral et les grévistes, acceptant des souffrances et des privations pour faire triompher l'idée collective, donnent une preuve d'obéissance à la

(¹) Max Seydel, p. 57, *Handbuch des öffentlichen Rechts*. Einleitung. Leipzig, 1893.

loi de la solidarité. Voit-on souvent un conseil d'administration de société faire admettre par les actionnaires une suppression de dividende pour faire fructifier l'œuvre commune? La société anonyme travaille pour des porteurs de titres qu'aucun lien ne rapproche. L'association de personnes forme un ensemble où chacun étant but et moyen par rapport aux autres, chacun fournit sa part au travail collectif avec le désir du succès collectif et le sentiment de l'honneur collectif. Ce n'est plus le conglomérat mécanique d'où l'idéal est absent, c'est l'organisme vivant, tout vibrant de l'idée sociale et conduisant ses membres à l'émancipation sociale.

Alors que l'application individualiste de la division du travail jointe au machinisme a réduit l'ouvrier à une vie tellement automatique et spécialisée, que cette vie en a perdu sa valeur, le groupement des intérêts, qui est en quelque sorte la division du travail transportée du domaine individuel dans le domaine social, a rendu à l'ouvrier atrophié par la spécialisation et le machinisme, la plénitude du développement économique et moral.

Les associations de personnes comprennent de nombreuses catégories : les unes ont surtout pour but de maintenir l'indépendance de la petite industrie vis-à-vis de la grande, telles les sociétés de crédit, les sociétés pour l'achat de matières premières, de bétail, etc. D'autres tendent à l'amélioration de la situation matérielle de leurs membres, coopératives de consommation, Stores, sociétés de construction. D'autres, enfin, comme les Trade-Unions, veulent émanciper le prolétariat, le soustraire à la tyrannie du capital et élever le niveau des ouvriers. Toutes rapprochent dans la communauté du but social des hommes de même métier.

Partout le mouvement s'affirme et s'accentue.

En Allemagne et en Autriche, il part d'en haut. Le pouvoir cherche à reconstituer des organismes corporatifs, sous l'action et le contrôle de l'État. Dans les pays germaniques, la loi essaye pour la grande comme pour la petite industrie de faire revivre, sous le nom de Innungen, Genossenschaften, etc., des groupements professionnels investis de la mission de perfectionner les méthodes, de régler l'apprentissage, de soutenir la concurrence, de créer des caisses de secours (¹), de constituer des chambres de travail et d'arriver ainsi à la représentation du travail.

En Angleterre, on a suivi une autre voie. Rebelles à la contrainte, les Anglais, fidèles au principe du libre concours des volontés dans le groupement des intérêts, ont fait appel au ressort moral et ont donné le spectacle d'une évolution régulière et continue des inférieurs vers l'indépendance. C'est à partir de 1875 que l'organisation ouvrière, affranchie du patronat, qui d'abord lui est hostile et ensuite la tolère, est légalement reconnue et que le parti ouvrier obtient une situation équivalente à celle des autres partis, la classe ouvrière une situation équivalente à celle des autres classes.

L'Union ouvrière anglaise, avec son caractère net-

(¹) BRANTS, *Le régime corporatif au* xixᵉ *siècle dans les États germaniques*. Louvain, 1894.

tement professionnel, est la véritable Gilde du droit moderne. Elle s'occupe de tous les besoins, de tous les intérêts professionnels, de toutes les conditions du travail. Elle veille au maintien du salaire ; elle garantit contre les risques professionnels ; elle assure contre la maladie, l'accident, la vieillesse, le chômage ; elle procure des récréations à ses membres ; elle exerce une juridiction disciplinaire ; elle lutte avec succès contre l'alcoolisme.

Il devient banal de dire combien a été décisive l'action du Trade-Unionisme anglais sur la condition des ouvriers : j'ai montré plus haut le chemin parcouru et l'on peut dire que la Trade-Union a été la grande émancipatrice. Elle a permis à l'ouvrier d'attendre, de résister aux maladies, aux accidents, aux crises.

A travers les hasards d'une vie pénible et agitée, elle lui a donné la sécurité du pain quotidien.

Elle lui a fourni les moyens d'agir efficacement sur le taux des salaires et la durée du travail.

Elle a fait enfin intervenir dans le contrat l'élément moral.

Pour les Unionistes, il ne s'agit plus uniquement d'accroître le salaire et de réduire la journée de travail, mais de faire profiter l'être humain de cet accroissement et de cette réduction.

Les Unions ont fait germer dans le prolétariat l'esprit de justice et de modération : Schulze-Gavernitz les appelle : des organismes de paix sociale.

Que voyons-nous au 21e Congrès des Trade-Unions tenu à Bradford en 1888 ; à celui qui a eu lieu à Dundee en 1889 ? Les délégués ont réclamé la création de chambres de conciliation et ont insisté sur l'utilité de la conciliation.

Exemples plus frappants encore! A la même époque, les délégués ouvriers de l'industrie cotonnière se prononcent contre la journée de huit heures en invoquant les nécessités de la lutte contre la concurrence étrangère.

A l'Union des ouvriers mineurs du Northumberland, le chef de l'Union, Burt, déclare que l'industrie houillère dépend de conditions variables et que les parts d'actions de charbonnages sont moins sûres que les fonds d'État. Il est donc de l'intérêt des ouvriers comme des industriels, dit-il, que ces actions donnent un dividende supérieur à la rente anglaise [1].

Les industriels, de leur côté, qui jadis se défiaient des Trade-Unions, leur deviennent favorables. Et ils expriment leur sympathie d'une façon catégorique.

Un patron de l'industrie du fer, dans une lettre insérée dans le livre de Trant (Trade-Unions, Londres, 1884), écrit :

« Je considère les Unions ouvrières comme d'admi-
« rables écoles où l'ouvrier acquiert des notions plus
« justes sur les rapports du capital et du travail. »

Un autre industriel, David Dale, dit en 1881 :

« Je déclare de la façon la plus formelle, et c'est le
« résultat d'une longue expérience, que de fortes asso-
« ciations ouvrières avec un comité exécutif capable,
« et investi de la confiance des ouvriers associés,
« constituent pour l'industriel la meilleure des garan-

---

[1] SCHULZE-GAVERNITZ, livre cité, vol. II, chap. VIII, *passim.*

« ties de voir régner dans la classe ouvrière la raison
« et la fidélité aux conventions (¹). »

Ainsi le mouvement ouvrier anglais est, grâce aux
Trade-Unions, un mouvement pour le développement
régulier, pour l'évolution organique de la classe
ouvrière.

Les ouvriers siègent avec leurs patrons dans le
bureau du comité de conciliation; ils sont traités
d'égal à égal par ces patrons, qui confient à leur bonne
foi des secrets de fabrication et les conditions du marché international. Ces hommes, qui ont des intérêts
opposés, les débattent loyalement, bien décidés à faire
valoir leurs droits, mais à respecter leurs devoirs. Les
ouvriers anglais n'ont pas seulement leurs députés au
Parlement, ils ont un comité parlementaire permanent qui établit des rapports réguliers entre les
Trade-Unions et la Chambre des communes. Enfin,
le congrès annuel des Trade-Unions est lui-même un
parlement temporaire du travail revêtu d'une incontestable autorité.

Il y a, il est vrai, au-dessous de ce Trade-Unionisme
conservateur, un Trade-Unionisme nouveau que Howell
décrit (²). Ce Trade-Unionisme agressif est né dans les
couches profondes de la population misérable de
Londres, en vertu de cette loi qui, à mesure que des
masses désorganisées se groupent et s'élèvent, fait
sortir de l'ombre des masses nouvelles désireuses de
s'élever à leur tour.

(¹) SCHULZE-GAVERNITZ, livre cité, vol. II, p. 432.
(²) HOWELL, *Le passé et l'avenir des Trade-Unions*. Paris, 1892.

Pourquoi ce Trade-Unionisme est-il ainsi prêt à la guerre? Pourquoi en reste-t-il à la doctrine marxiste et se prononce-t-il pour la lutte et la révolution? Parce qu'il est faible. Parce qu'il s'appuie sur les éléments incultes, sur les manœuvres, les portefaix, les ouvriers sans apprentissage ; l'*Unskilled labour,* qui n'a pas d'organisation, ne fait ni de la prévoyance ni de l'assistance; il ne songe qu'au salaire actuel, à l'intérêt personnel et immédiat, et ne peut songer à autre chose.

Le jour où les déshérités du cinquième État deviendront forts ; où ils seront organisés; où ils auront des fonds de secours et d'assistance, ils auront la modération et la largeur de vue des vieux unionistes. Et pour arriver à ce point, ils ont moins de chemin à faire que n'en ont fait les vieux Trade-Unionistes, qui jadis s'avançaient la menace à la bouche en destructeurs de la société et qui aujourd'hui considèrent la civilisation dont ils font partie comme le patrimoine commun de la nation.

D'ailleurs, quel que soit l'avenir, le vieux Trade-Unionisme peut revendiquer le présent : il a, sur une population ouvrière de 6 millions d'ouvriers, englobé environ 2 millions de travailleurs dans un mouvement pacifique (1).

Si le développement et le succès de l'union des per-

---

(1) C'est le chiffre cité par Howell dans le livre désigné plus haut : *Le passé et l'avenir des Trade-Unions.* M. Hector Denis croit que le chiffre des ouvriers anglais incorporés est moindre. (Exposé des motifs du projet de loi relatif à l'organisation du marché du travail. *Annales parlementaires*, 19 février 1895, p. 741.)

sonnes est un des phénomènes économiques les plus saillants de la fin du siècle, on peut ajouter qu'il y a dans l'histoire de ce développement un autre symptôme tout aussi marquant : je veux parler du succès, au moins relatif, de la coopération, la forme la plus haute et la plus complète de l'association.

La société coopérative réalisant une économie de capital et de travail et parvenant sans frais de publicité à vendre les meilleures marchandises au meilleur marché, accordant à ses membres une part dans la répartition des bénéfices et leur permettant d'acquérir plus de choses, est un instrument de transformation d'une puissance illimitée. Il ne s'agit plus de ces brusques augmentations du salaire dues aux caprices de l'industrie, à l'arbitraire de la mode, aux calculs des spéculateurs et suivies tout aussi brusquement de contractions tout aussi imprévues du marché, laissant après elles, comme une boueuse écume, le chômage et la misère. Il s'agit d'un accroissement régulier et permanent du revenu, résultant de la diminution du prix des marchandises et de la disparition des intermédiaires inutiles. La coopérative de consommation supprime la fraude et la falsification. La coopérative de production supprime les crises d'abondance. Toutes deux exigent des associés de choix, capables d'épargne, d'ordre, de discipline ; n'ayant en vue que l'intérêt général et les principes supérieurs de justice. Toutes deux développent la capacité de l'ouvrier, réforment ses mœurs, lui donnent des vues d'ensemble et l'acheminent vers une meilleure répartition des richesses.

Les coopérateurs sont un peu dans le monde des

travailleurs urbains comme les petits propriétaires
ruraux dans le monde des paysans. Ils se meuvent
dans une zone aux limites mal définies, où l'ouvrier
et le petit bourgeois se rencontrent et se confondent.

Or, le nombre des coopérateurs augmente.

Si les premiers essais de coopération tentés par
Owen, Fourrier, Saint-Simon ont échoué, c'est parce
qu'ils supposaient chez les coopérateurs des qualités
exceptionnelles qu'ils ne possédaient pas. Et s'il y a
aujourd'hui un peu partout, surtout en Angleterre
et en Belgique et même en Russie avec les Artèles,
des exemples saisissants du développement des sociétés
coopératives, c'est le témoignage certain du progrès
accompli par les travailleurs et la garantie certaine
de leurs progrès futurs.

En Angleterre, le chiffre des coopérateurs était,
en 1862, de 90,341. Il est aujourd'hui d'environ
1,250,000. Leur chiffre d'affaires est monté, pendant
la même période, de 40 millions à plus de 1 milliard [1].
Schulze-Gavernitz dit que la coopération a augmenté
le revenu des travailleurs anglais de 75 millions de
francs par an.

En France, la coopération fait de grands progrès.
Il existait, à la fin de 1894, 1,089 sociétés coopératives
de consommation. L'*Almanach de la coopération française* pour 1895 renseigne le développement que prend
la coopération. On y lit que 306 sociétés, qui ont
répondu complètement au questionnaire envoyé par
le comité central de l'Union coopérative, comptent

---

[1] SEIDEL, livre cité page 121.

180,000 coopérateurs et font un chiffre d'affaires de 74 millions de francs (¹).

Je dois encore signaler le groupement des intérêts comme l'un des principaux facteurs de la lutte contre le paupérisme. La misère explique les théories extrêmes; elle inspire à des esprits chimériques la pensée qu'un bouleversement social apportera le bonheur à tous. Or, s'il est absurde de croire que la société n'ait pas à s'occuper des pauvres, que le bien-être des riches débordera naturellement sur les misérables comme au solstice d'été le Nil gonflé déborde sur les terres desséchées, il est tout aussi absurde de supposer que l'État soit à même de faire disparaître la misère.

Le débat entre la charité légale et la charité privée, entre l'aumône de l'État et l'aumône du particulier, est aussi vieux que le monde; mais s'il est une vérité qui se dégage de l'étude du problème de la misère, c'est la grande efficacité, non pas de l'assistance publique ou des fondations charitables, mais de l'association, et notamment des mutualités et des associations d'assurances.

M. Liedts, gouverneur du Brabant, traçait à l'avance leur rôle quand, le 6 juillet 1858, dans son discours d'ouverture du conseil provincial, il disait : « Espérons que notre siècle, à force de remuer cette question, finira par trouver un mode d'assistance qui n'altère pas le sentiment de la responsabilité et qui

(¹) CHAILLEY-BERT, « Le mouvement social ». *Journal des Débats*, 31 janvier 1895.

offre tous les avantages de la charité officielle sans en avoir les inconvénients. »

L'assurance ouvrière paraît un mode logique de libérer l'assistance publique d'une partie des charges considérables que le paupérisme lui impose sans grands résultats, et l'assurance ouvrière implique le groupement des intérêts semblables.

L'ouvrier isolé n'est à même ni d'épargner ni de s'assurer.

Si le bourgeois jouissant de revenus réguliers est dans les conditions voulues pour épargner, s'il est capable de payer annuellement des primes à des sociétés solvables qui couvrent des risques connus d'après des calculs de probabilité scientifiquement établis, l'ouvrier n'est pas dans cette situation. Il doit s'assurer contre des risques que les sociétés solvables ne couvrent pas. De plus, une foule de circonstances le mettent dans l'impossibilité de conserver l'épargne, de maintenir le payement des primes et rendent illusoires les sacrifices accomplis. L'une des éventualités contre laquelle il est surtout difficile de se garantir, c'est le chômage résultant d'une grève ou d'un arrêt de l'industrie et qui, privant l'ouvrier de son travail, le prive de ses revenus.

C'est parce que la liberté individuelle est impuissante que l'on a ici recours tantôt aux groupements organisés par l'État comme en Allemagne, tantôt aux Trade-Unions libres comme en Angleterre.

La législation allemande a le grand avantage de comprendre l'ensemble de la population ouvrière; elle a le défaut de ne pas couvrir le risque du chômage (¹) et d'abandonner l'individu à l'autorité.

Le Trade-Unionisme anglais a l'avantage de pouvoir couvrir tous les risques d'assurance, y compris le chômage, et de faire appel à la spontanéité morale de l'homme; il a le défaut de n'englober que 2 millions d'ouvriers sur 6 millions, c'est-à-dire une minorité d'élite.

La perfection, encore une fois, ce serait la liberté organisée pour tous, c'est-à-dire des organismes libres et reconnus comme en Angleterre, étendant l'assurance à la masse comme en Allemagne. Mais que l'assurance soit généralisée ou restreinte, obligatoire ou libre, qu'il s'agisse des Anglais ou des Allemands, elle repose et elle doit toujours reposer sur le groupement des ouvriers du même métier subdivisés d'après le degré de danger inhérent à la profession, et la base fondamentale de tout système d'assurance, c'est le groupement organique des intérêts semblables.

Les groupements d'intérêts acquièrent donc chaque jour une portée et une signification plus hautes, et les conquêtes de la civilisation ne peuvent qu'accentuer leur rôle. Les peuples soucieux de s'adapter aux conditions nouvelles, c'est-à-dire de progresser, devront agrandir sans cesse le champ de l'association des intérêts.

Alors que les républicains de 1848 et les Chartistes ont réveillé l'attention publique, sans rien changer à la situation matérielle des travailleurs, c'est l'associa-

(¹) Brentano, *Die Arbeiter Versicherung*. Leipzig. 1879.

lion qui par la renaissance interne des forces populaires a régénéré les classes populaires écrasées sous
le poids des erreurs économiques.

Elle justifie par ses fruits la profession de foi de
Lamennais écrivant (¹) : « On nous a demandé : Êtes-
vous socialiste? Si l'on entend par là quelques-uns
des systèmes qui depuis Saint-Simon et Fourrier ont
pullulé de toutes parts et dont le caractère est la
négation de la propriété et de la famille, nous ne
sommes pas socialiste. Si l'on entend par socialisme
le principe d'association admis comme un des fonde-
ments principaux de l'ordre qui doit s'établir, oui,
nous sommes socialiste. »

La vérité de ces paroles, répudiation de l'individualisme et glorification de l'association, devient chaque
jour plus évidente. La solution de la question sociale
est en partie dans l'organisation des collectivités
d'intérêt. Le problème du groupement des hommes
est aussi important que celui de la répartition des
richesses, et il y a une connexité intime entre ces
deux ordres d'idées.

En comparant la situation actuelle aux jours qui
ont précédé 1789, beaucoup d'esprits redoutent une
nouvelle révolution. Les hommes recommençant toujours les mêmes folies, on ne peut prédire qu'elle
n'éclatera pas; mais on peut affirmer que la société a
entre ses mains les moyens de l'éviter.

Si nous voulons nous prémunir à la fois contre
l'atomisation et l'absolutisme, nous devons rechercher

(¹) LAMENNAIS, *Question du travail*, p. 8.

le meilleur groupement possible des forces sociales
et, en repoussant la tyrannie de l'État sans exclure
le concours de l'État, multiplier les associations
douées d'une personnalité collective et d'une vie organique.

Il ne suffit pas de ne pas leur opposer d'entraves;
nous devons les encourager, les protéger et les reconnaître légalement. C'est la question des personnes
civiles.

———

CHAPITRE VI.

Les personnes civiles.

Hostilité du droit moderne à l'égard des personnes civiles du droit privé. Il ne leur reconnaît qu'une vie fictive. Fausseté de cette thèse. Réalité de la vie juridique des associations de droit privé. Les légistes de l'ancien régime ont méconnu la force organique du groupement des individus. Ils ont confondu la corporation et l'établissement public. Réfutation des arguments de droit et de fait qu'on invoque contre l'attribution de la vie juridique aux associations de droit privé. Il n'y a aucun inconvénient à favoriser les personnes civiles de droit privé.

Notre législation est hostile aux personnes civiles dont le code ne prononce même pas le nom. Elle ne tient compte que des personnes physiques; entre celles-ci et l'État, elle n'admet pas d'organismes intermédiaires et ignore complètement la notion de l'être collectif doué d'une vie juridique collective, capable d'une volonté collective. Quand elle rencontre une association d'individus, elle nie en quelque sorte la personnalité collective qui en émane pour n'y voir qu'un agrégat mécanique d'unités juxtaposées.

Dans l'esprit de nos juristes, fidèles aux leçons de Savigny, la personnalité ne s'applique qu'à l'homme. Laurent reproduit Savigny. Dans son avant-projet de code civil, il dit en parlant des communautés de toute nature : « La corporation n'a pas de vie réelle, n'est pas une personne... Elle n'a pas de mission parce qu'elle n'a pas d'âme. Il n'y a pour elle ni mariage, ni puissance paternelle, ni autorité maritale... Elle a certains des droits de la personne, et l'on est parti de là pour l'assimiler à tort à une personne. »

Ainsi, en dehors de l'individu, il n'existe en droit, pour l'école dont je parle, que des institutions publiques, des établissements publics, fondés par l'État en vue de la nécessité publique et pour répondre à un service public. Une individualité juridique, autre que celle de l'homme, ne peut se produire dans un but privé. Elle ne puise sa raison d'être que dans l'utilité générale et, alors, l'État seul a le pouvoir de créer un tel être, de déterminer le cercle de ses attributions, le cas échéant, de le rendre au néant d'où il l'a tiré et de recueillir ses biens.

Tous les particuliers de l'univers réunis d'une façon permanente ne sauraient constituer une personne juridique. L'État seul a une pareille puissance et encore ne parvient-il à engendrer qu'une abstraction, un être dépourvu de toute réalité, de toute volonté, un fantôme éclairé du pâle reflet de l'autorité; c'est ce que nous appelons la fiction de la personnalité civile.

Tout groupe qui n'est pas un individu fictif institué par le pouvoir pour accomplir une mission publique, est une somme d'unités isolées dont la vie d'ensemble n'est possible qu'à condition d'être clandestine, et toutes les fois qu'il veut entrer en rapport juridique avec des tiers, il doit agir en fraude de la loi.

Voici, dans une petite ville de province, un cercle

d'agrément. Les bourgeois de la localité, désireux d'échapper à la monotouie de leur existence et de multiplier entre eux les liens de sociabilité, ont formé un club où l'on s'occupe d'art musical et dramatique. Les membres se réunissent dans un local où ils donnent en famille des représentations théâtrales et des concerts. Pour que la société eût un bail régulier, pût acquérir ouvertement le modeste immeuble lui servant de centre et posséder officiellement le montant des cotisations versées; pour qu'elle pût contracter valablement avec n'importe qui, il lui faudrait la personnification civile, et pour la lui accorder, l'État devrait lui reconnaître par une loi des caractères d'utilité publique. Or, le cercle d'agrément en question, ayant un caractère privé bien accentué, ne recevra pas la reconnaissance légale et continuera à vivre en dehors de la légalité.

Le système moderne est donc simple : ou bien il y a une œuvre d'intérêt général à réaliser et l'État y pourvoit en concédant à l'institution qui l'accomplit l'existence juridique, ou bien l'intérêt social n'existe pas, et alors il reste en présence des individus capables d'avoir entre eux des rapports légaux, mais incapables de constituer un ensemble organique que l'on ne conçoit plus en dehors de l'idée du service public.

Je voudrais montrer l'exagération et le caractère superficiel d'une telle doctrine.

La vie juridique d'un groupe d'individus, l'attribution de la personnalité à une association d'hommes unis dans un but commun, n'est ni un jeu de l'esprit, ni une création factice de l'autorité. Elle se dégage du

fait même de l'association, et dans certaines conditions, elle sort naturellement du rapprochement des
êtres humains comme la source jaillit du sol. Elle est
d'ailleurs reconnue par le consentement universel.
Nous personnifions les grandes collectivités nationales,
nous distinguons sans aucune difficulté la conscience
collective de la Belgique ou de la Suisse, de la France
ou de l'Angleterre, ou de l'Allemagne, ou même de
groupes restreints, provinces ou communes, qu'on les
appelle Flandre, Brandebourg, Provence, Bruxelles,
Paris ou Berlin.

Il y a là une existence, une volonté, une âme collective que tout le monde aperçoit. La personnification
résulte ici de la communauté des intérêts, des occupations, des traditions, des sentiments et des tendances;
elle en est l'expression extérieure et, loin d'être
fictive, se manifeste comme une vivante réalité. Et
pourquoi donc ce qui est vrai quand il s'agit des plus
hautes personnes du droit public, serait-il faux quand
il s'agit de groupements plus modestes du droit privé?
Comment dénier une existence propre, par exemple,
à la société du Grand-Serment de Saint-Georges de
Bruxelles, simple réunion, il est vrai, d'arbalétriers?
Son individualité, qui remonte au XIIe siècle, n'est-elle
pas effective? Non, l'individualité juridique n'est pas
une qualité d'ordre transcendental, en quelque sorte
mystique, dont le pouvoir gratifie arbitrairement l'association; nous ne sommes pas en présence d'un miracle
accompli par une autorité accordant les droits de l'individu à ce qui n'a pas d'existence; nous nous trouvons, au contraire, devant un fait pour ainsi dire

naturel et nécessaire; quand un certain nombre
d'hommes sont unis en vertu de l'identité d'un certain
nombre d'intérêts et d'aspirations, il se forme peu à
peu, sous l'influence même des événements, un
ensemble doué d'une individualité immanente et sa
manifestation externe, l'unité juridique, devient l'un
de ses attributs fondamentaux.

Assurément, toute communauté de fait ne possède
pas au même degré cette individualité. On ne saurait
mettre sur la même ligne un cercle littéraire, une
société commerciale, une association religieuse, une
société coopérative, une ligue politique. On rencontre,
parmi les personnes morales, les mêmes multiples
nuances que parmi les personnes physiques; de part
et d'autre, l'individualité est plus ou moins développée, mais de part et d'autre elle apparaît. Le législateur peut être appelé à réglementer le mode
d'existence des associations, à prendre des mesures
pour que leur développement ne nuise pas à la
société, mais il est bien évident que, s'il constate et
règle l'existence des groupes, il ne la donne pas.

L'idée de la personnalité du groupe est, en effet,
aussi nécessaire et aussi fondée dans la nature des
choses que celle de la personnalité des individus.
L'histoire dément la théorie d'après laquelle le droit
étant strictement individuel et l'individu seul étant
appelé à l'exercer, il faut, pour supposer des droits à
une collectivité, imaginer un être fictif (¹).

(¹) O. Gierke, *Rechtsgeschichte der deutschen Genossenschaft.*
Berlin, 1863. — *Geschichte des deutschen Körperschaftsbegriffs*,
Berlin, 1873. — *Das deutsche Genossenschaftsrecht.* Berlin, 1888.

Quand on remonte aux origines de notre civilisation, on rencontre même plutôt des droits collectifs que des droits individuels; loin d'admettre alors que l'homme seul est sujet de droit, on n'admet même pas que tout homme soit sujet de droit; en effet, un étranger était sans droit comme un esclave, les droits des individus leur appartenaient surtout en leur qualité de membres de tribus ou de clans et la collectivité possédait des droits aussi certains que ceux des individus, une propriété aussi indiscutable que la leur.

L'autonomie juridique de communautés portant en elles-mêmes une vie organique qui ne doit rien à l'autorité, a ses racines dans notre passé. L'association a acquis l'individualité juridique non en vertu d'un privilège royal, mais parce que, résultat inévitable du contact des associés, elle était indispensable au développement de la collectivité. La lente élaboration de ces organismes se fait surtout au début du moyen âge. De toutes parts, sous la pression des faits, sans le secours d'aucune théorie préconçue, surgissent des communautés indépendantes, douées des caractères d'un être de droit, et perdurant dans la mobilité des unités individuelles qui les composent.

Que l'on prenne au xii° siècle l'association urbaine ou la commune, l'association rurale ou le village, l'association des artisans ou le corps de métier, et l'on a un groupe d'hommes arrivant spontanément par la communauté de la vie, des devoirs, des droits et des intérêts, à constituer un organisme juridique. La monarchie est parvenue à le subjuguer, à le soumettre à son caprice, mais la personnalité de cet organisme, cela n'est plus mis en doute actuellement ([1]). s'est dégagée du fait même de l'association. Les villes ont eu leur propriété, leur administration, leurs représentants, leurs chefs avant que des chartes leur aient été octroyées ; de même, par la seule vertu du rapprochement, les artisans du même métier sont parvenus à avoir leur maison corporative, leur caisse corporative, leur représentant légal, et à constituer une corporation, c'est-à-dire une personne morale. Quoi de plus simple ! L'homme a besoin de l'association. L'association a besoin d'un outillage extérieur. Elle ne peut se passer des moyens matériels, indispensables à la réalisation des aspirations même les plus abstraites. On doit lui accorder un état civil, une existence officielle dans ses rapports avec les tiers, une certaine capacité d'acquérir et de posséder, ne fût-ce que le montant des cotisations de ses membres. L'homme est vraiment libre et émancipé quand il se meut dans la sphère du droit et possède ce qui est nécessaire à ses besoins. L'association est libre et émancipée dans les mêmes conditions. Que signifierait la liberté sans le droit et la propriété? La propriété est le complément de la liberté. « Elle est à l'homme ce que les muscles sont au corps », a dit Frère-Orban dans la discussion de la loi sur la charité.

Accorder à l'association la liberté sans plus, lui refuser tout le reste, c'est demander aux associations innombrables s'élevant de toutes parts de fuir la

([1]) VAUTHIER. Voir le remarquable ouvrage de M. Maurice Vauthier, intitulé : *Études sur les personnes morales dans le droit romain et dans le droit français*. Bruxelles, 1887.

lumière, c'est réduire leur puissance et mettre le droit, vêtement qu'il faut adapter aux faits, en opposition avec eux, c'est nier le mouvement le plus intense de l'humanité.

Si l'on en est arrivé à méconnaître l'unité juridique des groupes organiques, si l'on ne comprend plus la concentration d'individus isolés, en un ensemble corporatif, offrant toute la cohésion de la personne elle-même, cela tient à des causes qu'il faut mettre en relief, mais cela n'est nullement conforme à l'essence du droit. La personnalité juridique d'une association est, au contraire, parfaitement fondée en droit. Elle est même, en un certain sens, consacrée par le droit romain comme par le droit germanique.

Les travaux de Mommsen, Unger, Windscheid, Gierke ont, en effet, démontré que l'opposition absolue, invoquée par Savigny, entre le droit romain refusant toute existence juridique à l'association et le droit germanique reconnaissant la vie qui émane de la corporation, ne peut être admise sans réserves.

Le droit germanique, il est vrai, favorisait les associations et leur développement spontané, le droit romain les entravait, répudiait leur libre formation et exigeait, pour qu'elles fussent légales, l'autorisation de l'autorité, seule capable de les créer et de les dissoudre. Mais, une fois l'autorisation donnée, les romanistes modernes soutiennent que la personnalité civile en dérivait de plein droit et ne devait plus faire l'objet d'un octroi supplémentaire. L'association était personne civile par cela seul qu'elle était autorisée.

Quoi qu'il en soit, si l'opposition signalée par Savi-

gny sur ce point, entre les deux droits, ne peut être
acceptée comme un dogme, c'est cependant au droit
romain et à son triomphe sur le droit germanique
qu'il faut rapporter l'origine de la théorie moderne
des personnes civiles. Il est incontestable qu'il y avait
là des différences fondamentales. Ainsi que je l'ai dit
plus haut, les personnes civiles romaines avaient une
existence juridique abstraite, factice, prenant sa
source en haut près du pouvoir et non en bas dans la
communauté.

L'association romaine était sous la dépendance de
l'État et, dès lors, la personnalité de l'association rele-
vait de l'État, comme l'association même; elle restait
parfaitement distincte de la somme numérique des
associés, et s'écartait d'autant plus de ceux-ci qu'elle
se rapprochait davantage de l'autorité.

Les personnes civiles de notre droit primitif avaient,
au contraire, une vie juridique réelle, concrète, pui-
sant sa force dans la communauté même, communauté
qui vivait pour ses membres comme eux vivaient pour
elle; plus la personne civile s'identifiait avec les
associés, plus elle était indépendante de l'État. Et
alors que l'État germanique est l'expression suprême,
la fédération de groupements organiques autonomes,
à Rome, la corporation, le collège, la sodalité est une
fraction de l'État, n'ayant de valeur, de signification
et de raison d'être que par lui. La personne civile,
sous l'empire romain, est ainsi avant tout une institution de droit public, un établissement public. Et la
notion de l'établissement public va grandir, se développer, étouffer l'idée du groupement et refouler toute

association de droit privé. Désormais, il y aura ou bien un établissement public dérivé de l'État, ou bien une association illicite, c'est-à-dire le néant.

Tel est le fait décisif, marquant de son empreinte indélébile l'histoire de la personne civile. Dans la lutte entre les traditions populaires et nationales de l'Europe et les traditions autoritaires et centralisatrices de Rome, la conception romaine l'a emporté; elle a donné à la personne civile le caractère qui la distingue encore; et si au lieu de multiplier les personnes civiles indépendantes, le droit moderne a concentré la vie juridique dans la personnalité abstraite de l'État, il faut y voir une survivance de cette victoire du droit romain.

L'apparition de l'Église vient d'ailleurs accentuer la physionomie romaine de la personne civile. La personne civile était une institution publique. L'Église devient la plus importante des personnes civiles et chez elle, plus que jamais, la notion de l'intérêt général attaché au but poursuivi apparaît en pleine lumière. Les fidèles ou associés s'évanouissent devant l'éternité de l'œuvre à accomplir, devant l'inaliénabilité du patrimoine affecté à l'œuvre, et c'est à l'œuvre, au patrimoine, au but et non aux fidèles que s'adapte la personnalité.

Bientôt l'Église, être immatériel et immortel, communique sa nature aux multiples fondations qu'elle abrite sous son manteau et les revêt du cachet de l'établissement public. Le droit canon enfin, à son tour, met un sceau ineffaçable à la personne juridique. Il détache de plus en plus la notion de la personne civile de la réalité; les individus éphémères s'effacent devant la perpétuité de l'œuvre; l'association s'efface devant la fondation, la structure corporative devant l'établissement public. Les papes et les conciles s'efforcent de montrer que la personne civile, en dehors du but divin de l'Église, est un être mystique, sans consistance ni réalité; le nominalisme contribue, de son côté, à propager une telle conception [1].

Rien d'étonnant donc à ce que les légistes de l'ancien régime ne comprennent plus le principe d'association, méconnaissent la force organique du groupement et enlève à la civilisation ses centres de résistance. La doctrine corporative du moyen âge, impuissante à remonter le courant, se brise contre le droit romain et le droit canonique, et faute d'avoir su maintenir le principe de la réalité juridique des associations, elle laisse le champ libre à l'émiettement de la société et à la marche triomphante de l'État moderne.

On raconte qu'au XVIIe siècle, l'inflexible poussée de la mer du Nord rompit les digues du Jutland et que l'océan envahit tout à coup le pays incapable désormais de lui opposer la moindre résistance. La société du XVIIe siècle, semblable à ce sol marécageux et plat, ne trouve plus en elle de quoi résister à l'action toujours plus absorbante de l'État. Aussi, au XVIIe siècle, la doctrine est définitivement formée; elle ne connaît plus que l'autorité établie par Dieu pour le bien de tous, le fonctionnaire établi par l'autorité pour la représenter, et l'individu que l'autorité contient et

[1] Otto Gierke, livre cité.

protège. Les communautés intermédiaires sont englouties sous le flot niveleur de la puissance souveraine, et ce qui surnage au milieu de cette masse uniforme, ce sont surtout des fragments de l'État, des établissements publics, des fondations publiques doués d'une personnalité juridique que le pouvoir accorde et retire à son gré. Certaines corporations possèdent encore les droits de la personne civile et les exercent sous l'œil de l'autorité qui leur permet de vivre en confirmant leurs statuts, en réglant les détails de leur existence et en soumettant leur administration à une surveillance de police. Mais chaque jour davantage la corporation se confond avec le patrimoine et s'absorbe dans la fondation corporative.

Chaque jour davantage, donner la personnification civile c'est personnifier un patrimoine affecté à un but. On ne personnifie plus des groupes, mais des œuvres. Il y a des hôpitaux, des collèges, des universités, des ordres, et leur individualité s'identifie avec la pensée du fondateur.

L'idée d'association a disparu; il reste l'institution publique complètement détachée des individus et complètement inféodée à l'État, qui exerce sur lui une suprématie absolue.

Tel est le système. La révolution le trouve dans l'héritage de l'ancien régime et s'en sert contre lui. C'est aussi le système qui nous régit. Nos légistes sont d'accord avec les légistes du xviie siècle, avec les canonistes et les romanistes. Savigny et Laurent sont d'accord avec le pape Innocent IV.

C'est ainsi que l'on en est arrivé à ignorer avec

quelle exubérance la tendance au groupement s'affirme dans le droit privé et que l'on ne voit dans toute personne civile qu'une fondation publique perpétuelle.

Cette doctrine est trop exclusive. Affirmer qu'il n'y a de personne civile que quand il y a service public; nier que la personnalité civile puisse être jointe à une collectivité d'hommes unis dans un but privé, c'est commettre une erreur démentie par les faits.

L'autorisation de l'État est nécessaire à l'existence de chaque établissement public; les institutions ecclésiastiques sont des établissements publics, le particulier ne peut ni se substituer à la nation, ni fonder librement et sans contrôle dans un intérêt public. Voilà des points incontestés et incontestables. Mais il est tout aussi incontestable qu'il y a dans le droit privé des groupes dont les tendances, n'ayant pas cette portée générale et permanente, n'exigent pas chaque fois une concession spéciale de la loi.

Pourquoi cette idée est-elle admise avec tant de difficulté? La raison en est connue. On redoute la mainmorte et les abus de l'ancien régime; on a voulu empêcher l'homme de perpétuer ses erreurs en perpétuant ses œuvres. On a défendu à l'association de droit privé de recevoir à titre gratuit, afin qu'elle ne puisse par une extension illimitée de son patrimoine dépouiller les individus et les familles et tarir la source des richesses publiques. C'est-à-dire que l'on invoque et le péril de la perpétuité dans l'affectation des biens et le péril de l'excès dans l'acquisition des biens. On s'imagine que la personnification civile doit aggraver le péril.

Examinons ces craintes :

On parle de perpétuité! Le législateur n'a pas hésité à reconnaître l'existence légale des sociétés commerciales, et pourtant la société anonyme peut s'éterniser : il suffit que tous les trente ans la majorité des actionnaires vote sa prorogation. Seulement, la mobilité même du commerce, le caractère temporel, spécial, pratique, de l'association formée et de son but a paru une garantie suffisante.

On a pensé que le salut, ici, c'était la poursuite de la richesse, le désir du gain; que loin d'appauvrir la nation, la société anonyme devait accroître la fortune publique. On a supposé que le jour où la société ne répondrait plus à sa mission, il était de l'intérêt primordial des actionnaires de liquider, et les prévisions n'ont pas été déçues. Mais, si l'on accorde une sorte d'individualité juridique, une personnalité morale à l'esprit de lucre, aux intérêts commerciaux, comment la refuser aux intérêts intellectuels, scientifiques, littéraires, artistiques, économiques, techniques, professionnels? La situation n'est-elle pas la même? Il n'est plus question pour l'associé de s'enrichir, soit. Toutefois, l'association existe par les associés et pour eux. Ce sont leurs droits et leurs intérêts que la société a pour mission de sauvegarder; au moment où elle ne répond plus à leurs besoins, elle n'a plus de raison d'être. Comme dans une société commerciale, les associés ont, dès lors, plus que personne, le souci d'obtenir une liquidation, et cette liquidation ne présentera aucune difficulté, précisément parce que la volonté des associés prédomine; elle se fera conformément à leurs intentions, c'est-à-dire aux statuts. Pourquoi donc ne pas admettre qu'il y a là tous les éléments d'une individualité juridique, un organisme juridique qui dure par lui-même jusqu'au jour de la dissolution statutaire et n'a plus rien de commun avec l'établissement public.

Il y a un contrepoids plus sérieux encore à la perpétuité : je veux parler de la multiplicité des buts à réaliser dans la civilisation moderne; de leur spécialité et surtout de leur caractère transitoire.

La corporation de l'ancien régime a quelque chose d'immuable; elle est rivée au sol par un patrimoine inaliénable. Elle ne meurt pas; elle demeure au milieu des individus qui passent; elle agit pour l'éternité; elle absorbe l'homme entier; elle envisage l'ensemble de la vie sociale; elle engage l'avenir et constitue un État en face de l'État.

L'association privée moderne n'est pas l'ancienne corporation; assurément elle dure, en général, plus longtemps que l'individu; mais, bien loin d'être perpétuelle, elle est éphémère de sa nature; elle s'adresse à l'une des activités spéciales de l'homme, à ses goûts variables; elle participe de la mobilité de la vie économique; elle est entraînée par le torrent de la civilisation dans la circulation universelle. Partout autour de nous on aperçoit le mouvement et l'agitation; partout surgissent des entreprises temporaires se succédant et s'évanouissant comme les flots accourus de l'horizon et qui meurent sur la grève. L'intensité même du besoin de changement chez l'homme est l'obstacle le plus puissant à la mainmorte.

On parle de l'accumulation illimitée des richesses!
Nos établissements publics eux-mêmes sont-ils toujours à l'abri des vices de l'ancien régime? L'esprit de charité mal entendu ne peut-il pousser un donateur à léguer sa fortune à un bureau de bienfaisance déjà richement doté, ou dont les besoins sont bien inférieurs à l'importance du legs? N'a-t-on pas vu des hospices immensément riches dans des localités où il y avait peu de pauvres? Et, en pareil cas, la surabondance de biens n'est-elle pas également nuisible? Ne détourne-t-elle pas du travail, n'alimente-t-elle pas la paresse, n'abaisse-t-elle pas le niveau moral des populations?

On est d'accord pour soutenir que le contrôle de l'État remédie à de pareilles éventualités. Or, le contrôle de l'État, facile quand il s'agit d'institutions publiques, est tout aussi simple quand il s'agit d'associations privées reconnues, et la loi peut le régler de la façon la plus efficace.

Évidemment, personne ne le nie plus, la mainmorte fut une des grandes causes de la révolution.

En 1857, dans le *Correspondant*, M. de Montalembert écrivait : « Qu'il ne concevrait pas de plus grand malheur pour l'Église qu'une législation lui permettant d'accumuler sans restriction ces énormes richesses qui ont engendré tant d'abus et de scandales. » Et, de fait, quand on songe que les privilégiés de 1789 possédaient en France la moitié du royaume, que la part du clergé dans cet avoir s'élevait à près de 4 milliards; que les revenus ecclésiastiques, en y joignant la dîme, atteignaient 200 millions; que cet

ensemble colossal représentait des droits, des faveurs
et des exemptions sans aucune obligation corrélative;
qu'à chaque nouveau privilège répondait une nouvelle
souffrance du peuple et qu'ainsi la propriété des privilégiés devenait une source de ruines et de misères,
on comprend la terreur légitime de la mainmorte.

Mais la propriété est elle dangereuse et nuisible par
cela seul qu'elle appartient à une association?

Devient-elle féconde et utile par cela seul que l'individu en dispose? Le caractère individuel de la
richesse est-il un obstacle suffisant à une excessive
concentration des richesses?

Évidemment non. Quand des milliardaires améri-
cains possèdent à deux ou trois des revenus équi-
valents à ceux du clergé français en 1789; quand un
grand seigneur anglais immobilise, pour le plaisir de
la chasse, d'énormes étendues de terre; quand un
viveur, usant et abusant de son droit, gaspille son
superflu sur le turf, dans des tripots, à la bourse ou
avec des filles, on ne peut dire que sa fortune réponde
à une utilité sociale ou soit un gage de paix sociale.
Seulement, il ne s'ensuit pas qu'il faille supprimer le
principe de la propriété privée.

Une association peut, comme l'individu, abuser du
droit de propriété et posséder plus que ne le comporte
son but social. Toutefois, si elle est désireuse de vivre
de la vie juridique, rien n'empêche de régler l'exercice
de son droit de façon à se garantir contre les abus
possibles et il n'est nullement nécessaire, en vue de
ces abus éventuels, de lui refuser son entrée dans le
monde du droit. Bien au contraire! qu'une société

ouvrière d'apprentissage, de secours ou de musique soit propriétaire de son local, et la disposition de la modeste maison de réunion fera plus parmi les associés, pour la diffusion et le respect de l'idée de propriété, que ne le fera jamais le privilège du duc de Westminster possédant tout un quartier de Londres, ou le luxe du divitiste américain dont les milliards inspirent à la masse des sentiments d'envie et de révolte.

En cette matière, d'ailleurs, une considération domine toutes les autres et transforme singulièrement la question de la personnification civile envisagée comme instrument de mainmorte : la fortune publique de foncière est devenue mobilière. Après avoir eu pour source unique le sol, elle a pour source principale le capital et le travail. Cette métamorphose donne au problème de la mainmorte un aspect nouveau.

Au moyen âge, la mainmorte résultait de la concentration et de l'inaliénabilité des biens immobiliers. La constitution de l'Église et de la société se prêtait à l'inaliénabilité Il était même interdit aux corporations religieuses de vendre leurs biens. Et leur avoir, joint à celui du clergé séculier et régulier, au patrimoine développé par les substitutions et les majorats, contribuait, en l'absence des capitaux et des bras, à la formation d'énormes agglomérations de domaines improductifs soustraits à la circulation. Vers 1789, le quart du sol de la France était en friche. Des fondations faites dans de telles conditions compromettaient certainement l'avenir des générations tout en portant atteinte à la prospérité publique.

Actuellement, le capital a pris la place de la terre. Pendant que le sol se morcelle et s'émiette sous l'action du code civil, les capitaux s'accumulent sous l'action des sociétés anonymes. En même temps, la rente s'abaisse et ne suffit plus à alimenter les revenus; il devient de plus en plus difficile de laisser improductif le capital ou le sol, de plus en plus indispensable de les faire fructifier l'un et l'autre par la culture, le commerce et l'industrie. Une société de droit privé, poursuivant une entreprise de l'ordre temporel, aurait beaucoup de peine désormais à soustraire pour toujours son avoir à la circulation journalière et à des mutations périodiques. Le caractère même de notre civilisation s'y oppose.

Cela veut-il dire que la mainmorte soit un mythe dont il n'y ait plus à s'occuper? Personne ne le soutiendra.

Et tout d'abord, l'État lui-même est obligé de faire de la mainmorte. Il en fait dans un intérêt public, cela va de soi, mais enfin il en fait : les routes, les canaux, les chemins de fer, les bâtiments publics, se multipliant avec les besoins de l'administration, immobilisent une partie de l'avoir social et le soustraient au commerce, aux impôts, aux mutations.

Les administrations hospitalières, à leur tour, font tous les jours de la mainmorte. A côté de cela, la mainmorte privée qui s'est étendue sous l'ancien régime, malgré l'édit perpétuel du 19 octobre 1520, malgré l'édit de mainmorte du 2 septembre 1749, existe sous le régime moderne malgré la législation sur les établissements publics. On trouve d'abord dans

l'arsenal de nos lois civiles de nombreux moyens
d'éluder les dispositions restrictives, tels sont : les
fidéicommis tacites, les donations simulées, les personnes interposées, les baux emphytéotiques, les
contre-lettres, les associations qui se renouvellent,
les sociétés civiles dont les statuts réalisent les avantages de l'être juridique, etc. Mais ce qui change
ensuite du tout au tout la situation, c'est la prédominance de la fortune mobilière, sa malléabilité, sa
mobilité, la facilité offerte aux porteurs d'actions, de
les faire clandestinement passer d'une main à l'autre
et d'accumuler des ressources en échappant à tout
contrôle. Chacun est à même de transmettre à ses
héritiers ou à des tiers des sommes considérables sans
rien payer au fisc. Une société de joueurs de boule
dissimulera dans le coffre-fort d'un local dont elle ne
peut acquérir la propriété, des titres qui lui appartiennent en fait et dont la valeur ne peut être con-
trôlée. Aucun pouvoir n'est à même de le savoir, ou,
le sachant, de l'empêcher.

Voilà ce qui permet d'affirmer, sans aucun doute
possible, qu'entre la personnalité civile et la mainmorte
il n'y a pas de rapport de cause à effet. La mainmorte
existe sans personne civile et ne peut même se développer véritablement que dans les communautés de
fait non reconnues. La personne civile existe sans
mainmorte; les sociétés de secours mutuels, les caisses
de prévoyance des ouvriers mineurs, l'association de
la Croix-Rouge, la Société pour la construction des
maisons ouvrières, la Caisse de prévoyance en faveur
des victimes des accidents du travail, sont autant

d'individualités juridiques, n'offrant aucun danger de mainmorte. Bien loin de procurer aux associations qui en jouissent la liberté illimitée d'acquérir et de posséder à perpétuité, la personnalité civile, en les faisant vivre au grand jour, de la vie de tous et sous les yeux de tous, est la plus puissante des garanties contre une accumulation exagérée des biens. Je dirai même que c'est la seule.

Et j'ajouterai qu'il est dès lors difficile de nier que l'on ait fait fausse route quand on s'est imaginé détruire la mainmorte en refusant aux associations la reconnaissance légale.

Une législation désireuse de voir les choses comme elles sont et de serrer la réalité de près, doit non repousser mais classer les personnes civiles et chercher le moyen de les soumettre à une législation large et tolérante. Le privilège réservé à l'État de créer seul des individualités juridiques et d'examiner dans chaque cas s'il faut ou non les créer, n'est pas indispensable. Pour attribuer aux associations le droit d'agir officiellement, d'entrer en rapport régulier avec les tiers, d'ester en justice, de contracter, d'acquérir et de posséder dans des limites à déterminer, il est permis de concevoir une loi générale, indiquant à quelles conditions elle subordonne la reconnaissance légale, et établissant un registre public destiné à inscrire les associations.

La grande objection opposée à un tel système, c'est l'association religieuse, le couvent, la restauration du moyen âge.

Il est peut-être vrai de dire que l'association reli-

gieuse a un caractère spécial ; elle se rapproche de la
notion de l'établissement public ; les associés y disparaissent devant le but divin, devant l'œuvre éternelle
à accomplir De plus, la liberté des cultes permet à
ces associations de prendre les formes les plus variées,
d'obéir à des tendances menaçantes pour l'État. Il y
aurait donc lieu d'examiner si elles exigent une
législation spéciale, s'il leur faut dans chaque cas une
concession spéciale de l'État, limitant pour chaque
autorisation donnée la propriété immobilière, ou bien
si en vertu d'un principe de justice absolue, on
pourrait sans inconvénient les abandonner au droit
commun, c'est-à-dire à la loi générale fixant d'avance
les conditions de la reconnaissance légale.

Mais cette discussion serait purement académique.

Nous abordons le domaine de la lutte entre les deux
grandes personnes civiles, l'État et l'Église. Si l'État
fait une législation sur les personnes civiles, s'il consacre la publicité et le contrôle, de deux choses l'une :
ou bien l'association religieuse consentira à subir le
droit commun, à vivre de la vie de toutes les associations privées, à ne rien tenter contre les prérogatives
de l'État, et alors elle acceptera même la législation
la plus rigoureuse et n'offusquera pas plus la puissance
publique que n'importe quelle autre association ; ou
bien, se réclamant de l'Église, elle ne s'inclinera pas
devant la loi civile, même la plus inoffensive ; la situation restera ce qu'elle est et les associations religieuses
continueront à vivre en dehors du droit.

C'est là d'ailleurs l'hypothèse la plus vraisem-
blable. Les couvents n'ont aucun besoin de la person-

nification civile. Ils ne la réclament pas; ils n'en
veulent pas. M. Malou l'a déclaré en 1857, lors des
discussions de la loi sur la charité. M. le sénateur
Lammens l'a répété en 1886 à la commission du
travail, lors de la discussion du projet de loi sur les
unions professionnelles. M. Vandenheuvel le démontre
dans son livre sur la situation légale des associations
sans but lucratif (¹). Et, de fait, cela n'est pas douteux,
la personnification civile, en les faisant entrer dans le
droit commun, les soumettrait au contrôle commun et
empêcherait précisément les abus dont on fait un
épouvantail et sous le poids desquels on écrase la personne civile, oubliant qu'ils peuvent exister sans la
personnification civile.

L'argument tiré des associations religieuses n'a
donc pas de portée pratique; nous pouvons le laisser
en dehors du débat et nous borner à voir s'il y a pour
les autres groupements des obstacles à une loi générale
sur l'incorporation.

On invoque la possibilité de la fraude. On dit : La
publication du nom, du but, des statuts ne donne pas
la certitude de la sincérité des déclarations. Cela est
vrai. Une société fondée pour l'étude de la philologie
peut masquer un club révolutionnaire; et la loi, en
vue de telles éventualités, doit prévoir l'intervention
de la justice, retirant la personnification civile. Mais,
encore une fois, n'est-ce pas la personnification civile
seule qui permet de vérifier la permanence de l'affectation primitive. Assurément, elle ne garantit pas la

---

(¹) VANDENHEUVEL, *De la situation légale des associations sans le
but lucratif*. Bruxelles, 1884.

fidélité de l'association à son devoir, c'est-à-dire à son but social. Est-ce que, par hasard, l'inscription de l'individu sur les registres de l'état civil garantit davantage sa fidélité à la loi? Et puisqu'au regard de l'individu, le droit moderne a consacré le régime répressif à l'exclusion du régime préventif, pourquoi donc préférer, quand il s'agit de l'association, le régime préventif au régime répressif [1]?

Qu'on le remarque bien, d'ailleurs, les unions vraiment dangereuses ne rechercheront jamais la personnification civile, c'est-à-dire la publicité. Voyez les associations révolutionnaires. Les agitateurs parviennent à réunir leurs fonds sans le secours de la personnification civile. Ils se garderont bien de la réclamer. Ils ne cherchent que le secret. L'absence de personnification civile est une cause d'embarras et de difficultés juridiques pour les unions utiles ou inoffensives et pour le public en rapport avec elles. En la refusant, on empêche dans certains cas le bien que peuvent faire ces unions, on n'empêche pas le mal que peuvent faire les autres.

Un individu descend chez un logeur; il a des intentions suspectes, il veut passer inaperçu; la loi s'y oppose et dit au logeur : « Vous devez inscrire le nom de cet individu sur un registre et le faire connaître. L'ordre public y est intéressé. » Mais voici une association aux intentions les plus droites; elle demande à être connue; elle réclame l'inscription sur un livre public. Alors se passe cette chose étrange : le même

[1] OTTO GIERKE, *Verhandlungen des 19sten Juristentages.* Zweiter Band, Gutachten XVII, p. 259.

législateur refuse cette fois ce qu'il exigeait tantôt et
impose à l'association l'obligation de vivre ignorée, en
dehors du droit et de la légalité.

On dit encore qu'il est mauvais de rendre la constitution des personnes civiles trop facile et d'arriver
ainsi à les multiplier. L'existence de fait a suffi jusqu'à
présent aux associations de droit privé; elle leur
suffira dans l'avenir. Or, si l'idée de la personnalité
du groupe organique est aussi fondée que l'idée de la
personnalité individuelle, à quoi bon proclamer dans
le droit public la liberté d'association, et nier dans le
droit privé la vie juridique de l'association? Si la
liberté d'association est un bien, son complément, la
personnalité juridique, ne peut être un mal. Un
homme ne se sent pas libre quand on le prive de la
vie du droit; il n'en est pas autrement d'une association qui aspire à une base légale. Lui refuser cette
base pour ne pas accroître sa puissance, c'est remettre
en question le principe même de l'association. On
craint la force de propagande d'une association reconnue! Eh bien, ceux qui ne partagent pas ses vues
n'ont qu'à opposer association à association; personne
civile à personne civile; mais réduire l'association dis-
posée à accepter les obligations de la vie légale à une
pure existence de fait pour l'empêcher d'être forte et
influente, c'est nous ramener à la doctrine hostile à
l'association et avouer que l'on a peur de la liberté
même.

Pour toutes ces raisons, il faut entrer dans les vues
de la science et mettre en relief la différence qui sépare
l'établissement public de l'association de droit privé.

Que l'on prenne la liste des personnes civiles belges; l'on trouvera notamment l'État, la province, les communes, les hospices, les bureaux de bienfaisance, les monts-de-piété, les caisses de prévoyance en faveur des ouvriers mineurs, les caisses de prévoyance en faveur des victimes des accidents du travail, les sociétés de secours mutuels, l'association de la Croix-Rouge, la caisse de secours des marins, les fabriques d'église, les consistoires, les congrégations hospitalières de femmes, les grands séminaires, la commission provinciale des bourses d'étude, la Société pour la construction des maisons ouvrières, la Caisse générale d'épargne et de retraite, la Société nationale des chemins de fer vicinaux, la Banque nationale, les sociétés civiles ou commerciales, la Compagnie immobilière de Belgique, la Société du quartier Notre-Dame-aux-Neiges, etc. Ce sont autant d'individualités juridiques. Personne ne soutiendra que ce soient des êtres juridiques de nature, d'importance, de capacité, de valeur identiques; aucun jurisconsulte ne sera tenté de les confondre tous dans la catégorie des établissements publics. Pourtant, à part les dispositions de l'article 2 de la loi de 1886 sur les sociétés commerciales, rien ne nous révèle entre ces groupes une différence quelconque.

Il y a là un manque de précision qui appelle un remède. Il ne s'agit pas de changer la législation sur les établissements publics; il s'agit de ne pas concentrer dans la personne de l'État toute la vie juridique, de reconnaître que les sources de cette vie juridique sont partout, de détacher de l'État les organismes privés actuellement absorbés par lui, et de laisser s'épanouir ceux qui demandent légitimement leur place au soleil. Apprenons à distinguer entre l'établissement public, qui doit uniquement son existence à la volonté de l'État, et l'association de droit privé, douée par elle-même d'une existence, d'une activité autonome que l'autorité confirme et reconnaît, mais qui est antérieure à l'intervention de cette dernière. D'une part, il y a une institution établie dans un but d'ordre public, avec une capacité et une propriété inhérentes au but et qui rattache l'institution à l'État. D'autre part, un groupe existe pour répondre aux vœux des associés ; sa capacité juridique est l'expression de leur volonté collective ; son patrimoine leur appartient, et sous toutes ses faces il se manifeste comme un être indépendant.

Que l'on hésite à multiplier sans mesure les personnes civiles du droit public, puisque l'intérêt public seul est le titre et la raison d'être de leur constitution. Mais que l'on n'hésite pas à multiplier les personnes civiles du droit privé. En les multipliant, on répand dans le corps social le sentiment de la solidarité et de la vie organique. Il semble donc juste et opportun de leur accorder un droit plus large et plus favorable comme le font déjà les législations des États-Unis et de l'Angleterre, de la Suisse, de la Saxe, de la Bavière, de l'Autriche et, jusqu'à un certain point, de la Hollande,

Il ne s'agit pas de l'individualité juridique restreinte accordée aux sociétés commerciales, dont l'existence juridique a un caractère spécial. Les sociétaires ou

actionnaires sont, pendant la durée de la société, propriétaires chacun pour sa part de l'avoir social; ils
peuvent céder leur part à leurs créanciers; la transmettre en mourant à leurs héritiers. Il y a là une
individualité juridique. C'est une personne commune
pouvant, dans certains cas, paraître au nom des
associés; ce n'est pas la vraie personne civile, l'ensemble organique vivant complètement de la vie
collective. Et c'est cet ensemble organique que la loi
doit reconnaître (¹).

Instituer un registre des personnes civiles, exiger
que toute association de droit privé réclamant l'existence juridique se fasse inscrire et se procure ainsi
avec un état civil le droit d'agir comme une personne
dans ses rapports avec les tiers; indiquer dans la loi
les conditions générales auxquelles il faudra se soumettre pour obtenir l'inscription, limiter la propriété
des immeubles aux nécessités du but social, régler le
contrôle des libéralités faites aux associations; établir
une taxe annuelle sur les immeubles, organiser la
procédure pour le cas où la justice aurait à statuer sur
la légalité ou la nullité d'une personne civile; prendre
des précautions pour empêcher la confiscation éven-
tuelle des biens de l'association par l'État; voilà un
ensemble de mesures permettant, sans aucun danger
pour l'avenir de la civilisation, une loi générale pro-

(¹) On a fait un premier pas en France par la loi sur les syndicats
professionnels. On a fait un pas décisif en Belgique par le projet de loi
du 10 novembre 1894, accordant la personnification civile aux unions
formées pour l'étude et la défense de leurs intérêts professionnels
et économiques entre personnes exerçant la même profession ou le
même métier.

pice à la libre éclosion des personnes civiles et laissant entrevoir sans effroi une situation où, loin d'admettre la personnification civile d'une association comme un privilège exceptionnel, on considérerait comme exceptionnel le fait d'exclure une association de la catégorie des personnes morales.

Et le jour où, grâce à une législation bienveillante, on aura dans l'État décentralisé rendu à de nombreux organismes sociaux la vie juridique, on aura du même coup assuré la représentation des intérêts et il sera possible d'infuser un sang nouveau à ce régime parlementaire qui, en ce moment, donne des signes indiscutables d'épuisement. De même que le groupement des intérêts est une forme supérieure d'organisation de la liberté, la représentation des intérêts est une forme supérieure d'organisation parlementaire.

CHAPITRE VII.

La représentation des intérêts.

Différence entre le droit de voter et le droit d'être représenté. Échec et
défauts du suffrage universel. Correctifs. La représentation des
minorités. Le vote plural. Le scrutin uninominal. La représentation
des intérêts. Supériorité de la représentation des intérêts. Application du principe dans le passé. Dans le présent. Opinion de Taine.
Le monde moderne a le choix entre deux politiques.

Les assemblées parlementaires étaient jadis l'expression des grands courants nationaux, la synthèse des
forces sociales et des intérêts sociaux. Mais sous l'action dissolvante de la conception atomistique, les
Parlements se sont désagrégés comme le reste, le sentiment public s'est affaibli et l'on se trouve en présence de la masse informe des citoyens souverains,
modelée par Rousseau et reflétée dans le suffrage universel.

Sous la pression du dehors, les Chambres ont été
réduites au rôle de machines à voter; sous la pression
des Chambres, le gouvernement est devenu une réunion de commissaires révocables, chargés de l'exécution de décisions changeantes, et l'autorité n'est plus
que la mandataire humble et soumise des caprices,

des passions mobiles, des fantaisies d'une foule ondoyante. Les ministres qui, au lieu de se laisser traîner à la remorque des ambitieux avides de places, veulent diriger d'après un plan général, sont bien vite accusés de trahison et jetés par-dessus bord. On ne peut nier que l'intérêt privé ne l'emporte sur le bien public quand, dans les luttes politiques, on voit le désir mutuel de se nuire primer l'émulation pour le progrès, et au sein même des partis, en vertu de la même loi d'émiettement, les chefs se disputer l'influence personnelle au détriment de la discipline.

La théorie d'Adam Smith nous a fourni la forme atomistique de la société économique. La théorie du suffrage universel amorphe nous a fourni la forme atomistique de la société politique et a assuré le règne d'un agrégat quelconque d'unités numériques parvenu à se faire accepter comme majorité et prétendant réaliser le gouvernement du peuple par lui-même.

Le suffrage universel, « *one man, one vote* », reste le credo de la démocratie, et pourtant ses dangers, ses inconvénients, son inefficacité ne peuvent plus être niés par personne. Il est incontestable que le suffrage universel sans cadres, sans organisation, sans groupement est un système factice; il ne donne que l'ombre de la vie politique. Il n'atteint pas le seul but vraiment politique que l'on doive avoir en vue et qui est non de faire voter tout le monde, mais d'arriver à représenter le mieux les intérêts du plus grand nombre.

Et tout d'abord, cette croyance que lorsque tout le monde vote, tout le monde est représenté, n'est-elle pas la plus trompeuse des illusions? N'y a-t-il pas une différence colossale entre le fait de voter et le fait d'être représenté? On peut être représenté sans voter. On peut avoir le droit de vote et l'exercer sans être représenté.

On peut être représenté sans voter. Dans le régime censitaire, la bourgeoisie est la classe dirigeante; elle a le monopole du pouvoir. Et pourtant avec le cens élevé de la monarchie de Juillet en France, ou le cens minime de la Constitution belge avant la revision, une partie restreinte de la bourgeoisie votait seule. La majorité des bourgeois ne votait pas et les intérêts des bourgeois n'en étaient pas moins protégés et représentés comme s'ils eussent voté.

Et dans le régime censitaire, quelqu'insignifiant que fût le nombre des votants, les bourgeois n'en restaient pas moins la classe dirigeante et conservaient leurs privilèges parce que, même sans voter, ils étaient toujours représentés.

On peut aussi avoir le droit de vote sans être représenté : c'est le fait de toutes les minorités électorales sous le régime de la majorité numérique. Quand la moitié plus un vote dans un sens, la moitié moins un qui a voté dans l'autre sens aurait pu rester chez elle; c'est comme si elle n'avait pas voté du tout.

J'ai cité la bourgeoisie; j'aurais pu choisir aussi le prolétariat. Supposez une Constitution qui donnerait le droit de vote uniquement à une partie de la population ouvrière. Eh bien! le parti ouvrier serait seul le maître, parce qu'il serait seul représenté; il serait la classe dirigeante, alors même que la grande majorité des ouvriers serait privée du droit de vote. Je vais plus loin. Je suppose qu'il n'y ait pas d'élection, qu'une Constitution déclare députés de droit les chefs des ligues ouvrières, des syndicats, des coopératives, des mutualités. Les ouvriers, sans aucune élection directe au Parlement, seraient encore les maîtres, la Chambre serait une Chambre ouvrière et la classe ouvrière aurait le monopole du pouvoir, parce que, sans avoir le droit de vote, elle aurait le droit de représentation.

Ainsi, quand on représente les intérêts de tous, la question du droit de vote devient bien secondaire.

Mais, pendant le siècle qui vient de s'écouler, cette vérité a été méconnue et, contrairement à la réalité comme aux traditions historiques, on a confondu deux notions absolument différentes : l'élection et la représentation, et l'on continue à avoir confiance dans le suffrage universel brut.

En Belgique, le parti ouvrier considère le vote plural comme une étape vers le suffrage universel.

En Angleterre, le vote plural, qui existait pour le choix des administrateurs de la paroisse, a été aboli par la loi du 5 mars 1894, et le droit de vote attribué à tous les électeurs paroissiaux de la circonscription. Il est question, en outre, d'enlever les voix accordées à certains électeurs généraux anglais à raison de la base électorale qu'ils possèdent à la fois dans diverses localités.

Est-ce donc que le principe si simple du droit de vote accordé à tous, et de l'équivalence de tous les votes, a produit des résultats heureux?

Qui oserait le soutenir?

Le seul pays où le suffrage universel est laissé à lui-même, où il n'est ni contenu par l'autorité, ni tempéré par le gouvernement local, c'est la France qui, en un siècle, a subi trois épreuves successives du suffrage universel.

La première épreuve date de 1793; elle aboutit à la Constitution de l'an VIII, l'une des plus absolutistes que l'on puisse rêver; à Bonaparte, qui fait de la France une vaste machine administrative, une hiérarchie de fonctionnaires et de soldats, sans y laisser le moindre abri pour la liberté.

La deuxième épreuve date de 1848. Au milieu de l'effervescence des passions populaires et sous l'influence de la peur, Lamartine accorde soudainement le suffrage universel. Cela aboutit aux 6 millions de votes accordés librement à Napoléon III, au coup d'État du 2 décembre, à dix-sept ans de césarisme, à la débâcle de Sedan.

La troisième épreuve date de 1870. Les résultats sont décisifs pour les tendances dont je parle. Le Sénat est une représentation de groupes locaux et de forces locales; les électeurs forment des catégories, et sont pris par une sorte de sélection parmi les délégués des communes, des conseils généraux et des conseils d'arrondissement. Or, le Sénat réunit beaucoup d'hommes capables et montre beaucoup d'esprit de suite. La Chambre, élue au suffrage universel pur et simple, donne le spectacle de l'instabilité. Elle dévore en vingt ans une légion de ministres, tous obligés de lutter contre les intrigues, les cabales, les coalitions, tous obligés de faire de la politique électorale. L'administration, par la nécessité où se trouvent les gouvernements de créer toujours de nouvelles places, est une des plus nombreuses et des plus coûteuses que la France ait eues; enfin, l'aventure boulangiste, dont le succès a tenu à un fil, et qui eût réussi si l'autorité n'avait pas agi et n'avait pas entravé le jeu de la liberté, montre ce que l'argent peut tenter contre le suffrage universel désorganisé.

Qu'il y ait en France, comme en Allemagne, comme en Belgique, comme partout où existe un suffrage étendu, un souffle plus généreux que sous le régime censitaire; que, lorsque les classes déshéritées votent, il faille s'occuper des classes déshéritées, cela est incontestable. Mais ce qui est certain, c'est que les Français éminents disent aux ministères qui se succèdent : « Faites moins de politique, il nous faut de bonnes lois. » Ce qui est certain encore, c'est que les revendications du parti ouvrier français sont aussi énergiques que sous le régime censitaire; il ne semble pas que le suffrage universel ait réalisé l'idéal du parti ouvrier et répondu aux espérances que l'on mettait en lui.

Et en ce moment même où les questions sociales sont au premier plan et dominent les questions politiques, ne semble-t-il pas que le suffrage universel soit avant tout un instrument politique et non pas un moyen de résoudre les problèmes sociaux?

Partout il y a des aspirations vers un renouveau; chacun a des plans de réorganisation sociale, les tribunes politiques et parlementaires voient éclore tous les jours des projets sans nombre. Mais où donc se font les réformes les plus rapides, les plus complètes, les plus sérieuses? N'est-ce pas en Angleterre, pays de décentralisation et de gouvernement local? N'est-ce pas en Allemagne, pays de pouvoir fort? Les Trade-Unions d'une part, le prince de Bismarck de l'autre, ont obtenu des progrès considérables alors que les démocraties pures piétinent sur place.

D'ailleurs, un phénomène caractéristique et un défaut saillant du suffrage universel, c'est l'abstention. Dès le début de son application en Europe, dès 1793, le phénomène apparaît. A Paris, dans les circonstances les plus tragiques et alors que l'enjeu de la lutte est si important, Danton et Robespierre sont nommés par cinq cents voix! Et un siècle plus tard, dans le calme et la paix, le phénomène de l'abstention reste le caractère dominant des élections. Le nombre de ceux qui ne votent plus semble même augmenter encore. M. Paul Laffitte, dans la *Revue bleue* (¹), nous apprend qu'aux dernières élections municipales de Marseille, il y a eu 17,800 votants sur 81,800 inscrits, soit 78 p. c. d'abstentions. « Si nous continuons, dit M. Laffitte, le suffrage universel sera bientôt une duperie. » M. Yves Guyot, dans le *Siècle*, constate que sur cinq électeurs trois ne votent pas et ne sont plus représentés à la Chambre des députés.

On en arrive, comme en Belgique, à décréter le vote obligatoire et à contraindre au vote les électeurs

(¹) *Revue bleue*, février 1895.

récalcitrants, c'est-à-dire à transformer en devoir et en fonction ce que la démocratie considère comme un droit politique, à mécontenter les votants et à créer des occasions multiples de difficultés et de vexations.

Mais l'abstention tient à des causes profondes auxquelles l'obligation du vote ne change rien.

Il y a d'abord l'oppression du nombre. Quant au scrutin de liste, la moitié plus un des électeurs domine la moitié moins un des électeurs et que cette dernière moitié (que ce soit dans une grande ville ou dans une région rurale) ne parvient pas à faire élire un seul de ses candidats, comment espérer qu'elle attachera le moindre prix à un droit aussi inutile et aussi illusoire?

Il y a ensuite le dégoût de la politique qu'éprouve souvent la partie la plus saine, la plus travailleuse, la plus réfléchie de la nation. Elle a des intérêts et des besoins sociaux ; mais que lui font à elle les entraînements du moment, le bouillonnement d'idées, le fracas de paroles qui pendant la période électorale font croire que la face du monde va changer? Peu à peu, elle devient sceptique et cède la place aux ardents pour qui la politique est un luxe ou une profession, c'est-à-dire aux moins bons des électeurs. Ainsi, la partie du corps électoral qui devrait guider un pays est précisément la seule qui, déshabituée de la politique, n'ait plus de but bien défini, d'orientation précise; et jetée dans cette mêlée confuse, sans ligne de conduite nettement tracée, elle se réfugie dans l'abstention, dépose des bulletins blancs ou vote au hasard.

Un écrivain illustre, que personne ne traitera de

réactionnaire, Proudhon, dans son livre sur la capacité des classes ouvrières, résume la situation en ces
termes : « Il est certain que nos 10 millions d'élec-
« teurs se sont montrés, depuis 1848, en intelligence
« et en caractère, inférieurs aux 300,000 censitaires
« de la monarchie de Juillet. »

La pratique du suffrage universel nous montre
d'ailleurs tous les jours ce que l'on obtient en lançant,
sous prétexte d'égalité, des masses énormes d'électeurs dans une bagarre électorale. Nous les connais-
sons ces Chambres disparates et bigarrées où se
coudoient des politiciens de toutes les nuances, où les
députés représentent avant tout des influences locales
et personnelles, et forment des groupements politiques
variés s'agitant, intriguant, se coalisant ou se combattant, se rapprochant ou s'éloignant au gré des
circonstances, et résolvant les questions le plus hautes
par les mobiles les plus bas.

Le gouvernement doit, au milieu de ces éléments,
trouver une majorité ; quand il l'a, il doit la maintenir,
et dans ce but, il a à tenir compte avant tout des questions de personnes, des appétits dont le conflit constitue
la politique courante et quotidienne. J'ajoute qu'une
assemblée ainsi composée doit légiférer sur tout, tout
discuter, pourvoir à tout, tout contrôler.

Or, des députés choisis pour des professions de foi
plus ou moins éloquentes n'ont pas ordinairement une
compétence universelle ; il y a très peu de spécialités
dans les Chambres modernes, et c'est pour cela que la
plupart des lois sont mal faites. Ceux qui veulent
rendre service, à une époque où il y a tant de questions

difficiles et complexes à résou lre, doivent avoir d'émi-
nentes capacités, de hautes facultés de travail, le goût
de l'étude patiente. Il leur faut à la fois loisir, fortune
et talent. Et quand tout cela n'est pas réuni, le régime
parlementaire ne peut être que le régime du chaos et
de l'impuissance.

Le suffrage universel est donc un procédé simpliste
et égalitaire, mais défectueux. Il laisse les masses sans
cohésion ni force de résistance, à la merci des ambitions et des aventures. Il ne sauvegarde même pas les
intérêts des ouvriers qui placent leur confiance en lui.

Ces vérités devenues évidentes ont fait chercher
des correctifs à l'atomisation politique du corps
social.

Le premier de ces correctifs, c'est la représentation
des minorités, qui est un principe de justice et un
moyen d'échapper à la nécessité des coalitions électorales. Mais ce correctif est déjà un hommage rendu à
la représentation des intérêts : représenter en effet la
minorité, bien qu'elle ait contre elle le nombre, c'est
reconnaître que la minorité est un intérêt respectable
et qu'il est arbitraire, injuste, dangereux de l'écraser
sous un chiffre. Or, dès que l'on adopte le principe,
il faut représenter toutes les minorités offrant un
quotient électoral quelque peu respectable ; et dès
lors on ne sait plus où s'arrêter pour empêcher le
fractionnement à l'infini et maintenir la possibilité de
gouverner. Car les minorités sont des groupes purement politiques, parfois des factions politiques ; elles
en ont la mobilité ; elles représentent un intérêt égoïste
et ne sont pas constituées pour servir un intérêt social ;

à la merci des hasards et des passions politiques, elles
n'ont rien de durable ; elles ne peuvent servir de base
permanente. Aussi, quand on veut aboutir à la représentation des minorités dignes d'être représentées, il
ne suffit pas d'additionner les voix ; on doit les peser,
on doit chercher quels groupes ont assez d'importance
pour être représentés, et l'on ne trouve de règle stable
que dans la représentation des intérêts sociaux.

Un second remède opposé aux abus du suffrage
universel, c'est le vote plural adopté en Belgique.
Notre Constitution proclame à nouveau, et avec
raison, l'ancien principe dont je viens de parler, con-
sistant à peser les voix au lieu de les compter; il est
la répudiation légitime du vote par tête.

Mais, tel qu'il a été réalisé par les Chambres belges,
le vote plural est un système de transition et, de même
que la représentation des minorités, un acheminement
vers la représentation des intérêts.

D'abord, le vote plural prête le flanc à la démocratie
égalitaire et ne l'empêche pas de réclamer la suppression des voix supplémentaires accordées aux privilégiés. En temps de crise surtout, quand le nombre des
mécontents grandit, les voix supplémentaires multiplient les votes de ceux-ci et les gouvernements
doivent rechercher des garanties d'ordre dans un
accroissement de voix supplémentaires conservatrices
qui paraît injuste aux masses. Ensuite, le vote plural
n'empêche pas des minorités désormais formidables,
écrasées par des majorités ou des coalitions d'autres
minorités, de réclamer leur droit à la représentation.
Les réclamations seront d'autant plus énergiques que

le vote est obligatoire. Il est surtout pénible de voter en pure perte quand on est contraint de voter. Comment des citadins, traînés de force aux urnes électorales, accepteront-ils sans protestation d'être battus par des électeurs ruraux? Comment ceux-ci supporteront-ils à leur tour d'être battus par des coalitions d'électeurs urbains alors que les intérêts des uns et des autres diffèrent?

Interrogez les députés socialistes des provinces du Hainaut et de Liége, et ils devront être les premiers à reconnaître qu'ils ne représentent pas exactement toutes les forces sociales de ces provinces et que leur élection sacrifie de grands intérêts sociaux.

Interrogez les députés conservateurs des provinces flamandes et ils devront avouer qu'ils ne représentent qu'une partie des forces sociales des Flandres et qu'il en reste d'autres qui ont droit à la vie politique et sont néanmoins écrasées. On en revient toujours à la nécessité de faire des distinctions, de tracer des cadres dans cette masse informe, de rechercher quels groupes doivent être représentés, comment le Parlement reflétera le plus fidèlement la société dont il est l'expression, et l'on voit apparaître d'abord l'idée de la représentation des minorités, ensuite l'idée de la représentation des intérêts.

Un troisième remède, c'est enfin le scrutin uninominal. Il est clair que le scrutin de liste accentue, dans des proportions effroyables, les maux produits par le triomphe brutal du nombre et le caractère arbitraire de la représentation. Le scrutin uninominal est, dans la situation actuelle, un contrepoids nécessaire.

Il peut assurer une représentation distincte aux villes et aux campagnes.

Dans les villes, il représente des quartiers ou des sections. Il permet à des hommes considérables par leur talent, leur position, leur notoriété, leur honorabilité, d'être choisis par les concitoyens au milieu desquels ils vivent ; il accorde une certaine représentation des intérêts. Elle est toutefois embryonnaire et fragmentaire.

La vérité, c'est que des électeurs votant pêle-mêle dans des subdivisions factices, forment toujours une cohue, et que le seul système rationnel est celui où les électeurs, classés par catégories, votent chacun dans sa catégorie et où ce sont ainsi des groupes que l'on appelle à la vie politique et à la représentation nationale.

Pour faire une œuvre féconde, il faut s'appuyer sur les organismes locaux, sur les forces sociales et laisser intervenir dans l'élection les collectivités plus que les individus. C'est le suffrage universel, puisque tout le monde peut voter, mais c'est le principe d'organisation introduit dans le suffrage universel et dans la vie politique.

Et ainsi est résolue du même coup la question si discutée des garanties que doit offrir l'électeur. Quand on cherche le contrepoids du suffrage universel dans l'instruction obligatoire, on ne le trouve pas. Le certificat d'études est une présomption de fréquentation de l'école, non de capacité politique. On ne prouve pas le jugement politique par un examen d'enseignement primaire. Le savant le plus érudit, dont les vues sur l'histoire du monde sont très larges, aura parfois des notions très étroites et très fausses sur la politique du moment. A plus forte raison, le déclassé qui a fait jadis des études primaires ou même moyennes peut être un détestable électeur, et l'ouvrier lettré, mais mécontent de son sort, sera plus disposé à obéir à des passions qu'à des considérations politiques.

Chercher un contrepoids dans le payement d'un léger impôt, dans un signe extérieur d'aisance, ne conduit pas davantage à la solution de ce difficile problème.

Si la fortune elle-même s'obtient par succession ou par spéculation et ne donne pas de certitude quant à la maturité politique ou à l'expérience, si un homme riche peut dans la tourmente électorale se laisser aller aux entraînements de la passion, de la peur, de la colère, et, placé au pôle opposé à celui de l'ouvrier dont je viens de parler, comme lui manquer de boussole, que fera, dans les mêmes circonstances, le petit contribuable qui, aux prises avec les difficultés de la vie, s'imagine que le bulletin de vote est capable de lui assurer le bonheur?

Réunissez au hasard, dans des circonscriptions électorales administratives, ces hommes aux aspirations diverses, travailleurs, bourgeois, artistes, savants, agriculteurs, industriels, soldats et juristes, et obligez-les de voter ensemble pour un seul candidat ou une seule liste, de fondre toutes leurs volontés en une volonté; c'est leur demander une tâche impossible, et personne ne sera satisfait.

Mais prenez des hommes vivant de la même vie,

ayant les mêmes occupations, le même but, les mêmes
aspirations, les mêmes besoins et les mêmes intérêts ;
groupez-les autour de cet intérêt, et alors que ce soient
des houilleurs ou des avocats, des artistes ou des tisserands, des agriculteurs ou des soldats, dites-leur de
choisir dans leur groupe un délégué, et l'accord se fera
immédiatement.

Laissez chacun dans son milieu, le cultivateur dans
son village, l'ouvrier dans sa coopérative, le savant
dans son université, le négociant dans sa chambre
syndicale, et les passions révolutionnaires ou réactionnaires s'affaiblissent, elles font place à la raison et
à la réflexion, et c'est l'intérêt social bien entendu qui
domine et dicte à l'électeur son vote.

Dira-t-on que le système va accentuer l'antagonisme des classes? Assurément, cet antagonisme est
actuellement très aigu et la représentation des intérêts, qui rejette dans l'ombre le conflit des individus,
des influences personnelles et des intérêts de clocher,
ne rejette pas dans l'ombre le conflit des forces
sociales. Mais on peut soutenir qu'elle tempère la
tyrannie de la majorité numérique.

Personne ne méconnaîtra qu'il est dangereux de
permettre à une majorité quelconque de centraliser
la direction de la société. Confiez cette direction uniquement à la noblesse, et vous avez le type du gouvernement militaire et féodal. Confiez-la uniquement aux
bourgeois, et ils imposeront le type du gouvernement
capitaliste et industriel. Accordez-la aux ouvriers, et ils
feront subir le type de l'État démocratique et niveleur, ennemi des supériorités.

Qu'est-ce après tout que la nation, sinon une grande usine, un grand atelier? En bas, il y a le chauffeur, jeune, ardent, vigoureux, ne craignant ni la chaleur ni le froid, attisant le feu, alimentant la machine, fournissant le charbon, toujours en mouvement lui-même et faisant tout marcher. En haut, il y a le directeur, plus âgé, plus calme, plus prudent, craignant les intempéries et les courants d'air, mais doué d'expérience, conservant la tradition et donnant la stabilité.

L'activité de l'un est aussi nécessaire que la prudence de l'autre. Sans le premier, tout s'arrêterait; sans le second, tout péricliterait. Il faut donc respecter les intérêts de celui qui donne la flamme, l'élan et la vie, comme de celui qui donne la régularité et la continuité. Pourquoi les grands problèmes, dont s'occupe le monde en ce moment, méritent-ils le nom de questions sociales, sinon parce que ces questions ne sont pas celles d'un seul parti ou d'une seule classe, mais de toutes les classes et de la société entière? Les ouvriers sont une fraction de ce colossal organisme; les bourgeois aussi; tous ont droit également à la protection et à la représentation.

Il est vrai que, quel que soit le système, on doit toujours aboutir à un vote et, par conséquent, à une division en majorité et minorité. Seulement, de nos jours, le principe de la majorité, c'est un chiffre plus grand dominant un chiffre plus petit. Un gouvernement issu du suffrage universel, appuyé par 100 voix et combattu par 95 voix, c'est-à-dire disposant d'une majorité de 5 voix, repose sur le nombre; il est dans la logique du régime des partis; l'intérêt électoral est son seul guide; il peut tout oser. Au contraire, un gouvernement basé sur la représentation des intérêts est dans une autre situation, car le nombre n'est pas tout pour lui, et les intérêts électoraux mesquins s'évanouissent, pour faire place à une conception plus noble de l'intérêt. L'homme sent qu'il fait partie d'un ordre grandiose où tout s'enchaîne et se tient; il comprend que pour vivre et progresser, l'humanité a besoin de fraternité et de solidarité. Il apprend ainsi à respecter les intérêts d'autrui et à pratiquer la vraie tolérance sociale.

Une assemblée nommée de cette façon serait une représentation plus complète et plus haute du pays qu'une assemblée nommée par le procédé simpliste du suffrage universel. Le suffrage universel moderne, c'est surtout le suffrage des passions, des courants irréfléchis, des partis extrêmes. Il ne laisse aucune place aux idées modérées et il écrase les partis modérés. La victoire est aux exaltés. La représentation des intérêts, qui contient les passions par les idées, qui modère l'ardeur des partis par l'action des facteurs sociaux, donne à la société plus d'équilibre, des assises plus solides, et a donc quelque chose de plus sain et de plus fécond.

Le passé, encore une fois, peut ici nous servir de leçon, et le rapprochement est hautement significatif. D'où vient que le xixᵉ siècle, qui donnait tant d'espérances politiques, finit aussi tristement, au milieu des menaces? De ce que le développement de la grande industrie a produit d'énormes masses ouvrières laissées à elles-mêmes. Le premier Empire, qui a fait le droit du xix° siècle, n'ayant jamais songé à ces foices, n'avait rien préparé pour les recevoir, et on les a négligées. Or, au moyen âge, le même problème se pose : le développement et la prospérité des communes, comme le développement et la prospérité de l'industrie moderne, avaient concentré dans les villes une population ouvrière considérable. Comme maintenant, les ouvriers se sont trouvés en face des lignages, des bourgeois, de la classe dirigeante, et comme maintenant, ils ont revendiqué leurs droits. Mais loin d'être, comme les petits du début du xix° siècle, isolés, disséminés, privés de point d'appui, ils ont trouvé dans les corps de métiers où ils se groupaient par professions, un asile tutélaire.

Il n'y a rien de plus admirable dans notre histoire que le spectacle des efforts déployés par nos ancêtres, les ouvriers de nos vieilles communes. Il est beau de les voir s'unir étroitement dans les fraternités, grandir, s'élever et triompher par le groupement des intérêts qui a pénétré leur vie, qui a fait passer sur eux un grand souffle de justice et a laissé son empreinte modératrice sur leurs esprits.

Les ouvriers de cette époque n'ont pas déclaré la guerre à l'ordre existant; ils demandaient simplement à en faire partie et à en profiter avec les autres, et partout, au xive et au xve siècle, ils avaient atteint leur but.

Ils étaient organisés, et ils comprenaient la valeur de l'ordre social; ils avaient leur part d'autorité et ils comprenaient le rôle de l'autorité; ils trouvaient le bonheur dans leurs corps de métiers et ils savaient se replier sur eux-mêmes. Et quand ils se dressaient dans la vaste arène du monde pour user de leurs droits et de leurs libertés, ce n'était pas pour nier et pour détruire, mais pour affirmer, pour créer et pour fonder des œuvres durables.

L'histoire montre ainsi aux pouvoirs publics le rôle qu'ils ont à remplir vis-à-vis des forces ouvrières; elle montre aux ouvriers que leur avenir est non dans la révolution, mais dans le groupement et l'évolution légale; elle nous montre à tous quelle force réside dans la représentation des intérêts.

Les communes puissantes, dont je viens de parler, ont toujours été des représentations d'intérêts.

Qu'il s'agisse de Rouen, Amiens, Londres ou Augsbourg, Florence, Gand, Bruxelles ou Liége, l'on y voit les classes sociales arriver au partage du droit politique, non par le suffrage universel, mais par la représentation des intérêts.

A Gand, à l'époque d'Artevelde, la population comprend trois éléments : 1° les *Poorters* cu grands bourgeois; 2° les grands métiers, avec les tisserands à leur tête, et 3° les 52 petits métiers. Chacun de ces trois groupes choisit ses représentants, et les conseillers ainsi nommés constituent ce qu'on appelle la grande commune de Gand.

A Ypres, la population est divisée en six collèges. Deux de ces collèges représentent les corporations bourgeoises et deux représentent les corps de métiers ouvriers. Le grand conseil de la commune d'Ypres est la fédération et la représentation de ces six collèges, qui reproduisent ainsi fidèlement tous les intérêts essentiels de la cité ; ce sont les collèges qui envoient leurs délégués au conseil de la commune.

A Bruxelles et à Liége, les bourgeois et les métiers, le capital et le travail se partagent le pouvoir ; les bourgeois nomment un des bourgmestres et la moitié des conseillers, les ouvriers nomment l'autre bourgmestre et l'autre moitié des conseillers. Ailleurs, il en est de même.

De nos jours, on appelle cela de la chinoiserie. Nos procédés sont, en effet, beaucoup plus simples. Je ne sais pas si les résultats ne sont pas un peu chinois. Alors, au contraire, malgré cette chinoiserie, la commune s'est élevée très haut ; elle est devenue une force politique de premier ordre ; elle a eu une action décisive sur la civilisation, elle a été le bouclier des libertés publiques. Avec une préoccupation constante des intérêts du plus grand nombre et de la participation directe des petits aux affaires, elle n'a cependant rien sacrifié au nombre.

Les ouvriers avaient la représentation des intérêts, le suffrage par groupes. Il ne leur est jamais venu à l'idée de demander le vote par tête. Jamais ils n'en ont eu besoin. Et si, au lieu de voter par catégories et de constituer une fédération d'intérêts sociaux, ils eussent voté par individus et assuré la domination du nombre, il est certain qu'ils n'auraient pas réalisé la vraie démocratie dont ils ont laissé la trace dans nos annales; qu'ils n'auraient pas conquis les réformes sociales dont ils nous ont légué le souvenir; qu'ils n'auraient pas créé un gouvernement où deux classes sociales coexistaient sans se détruire et où l'équilibre résultait de la combinaison de leurs forces.

L'histoire des parlements confirme ces tendances. Avant 1789, partout où les parlements ont fait chose utile, ils ont été une fédération et une représentation de forces sociales. Telle est la source de la grandeur et de la puissance de l'Angleterre. Après 1789, la vie s'est retirée des centres locaux; elle s'est réfugiée au sommet, dans les assemblées, et on a abouti à une centralisation effrénée, ne laissant en présence que deux abstractions derrière lesquelles il n'y avait plus rien : l'État d'une part, le peuple de l'autre.

Et si, malgré tout, le parlementarisme a encore eu dans notre siècle un rôle glorieux, c'est parce qu'il a été encore une représentation d'intérêts. Il a représenté les intérêts de la classe moyenne à un moment où ils devaient être représentés et où seuls ils pouvaient l'être. La classe moyenne, en effet, à l'issue de la Révolution française, a eu une grande mission à remplir : la conciliation entre la révolution et la réaction, l'apaisement des forces jetées l'une contre l'autre. C'était là l'intérêt prédominant. Les autres intérêts restaient encore dans l'ombre. La classe moyenne, la bourgeoisie, était la seule classe dirigeante; elle seule était là pour remplir cette tâche, et elle l'a accomplie en trouvant dans le Parlement l'instrument politique adapté à la situation. Mais bientôt les choses ont changé; d'autres intérêts ont surgi; d'autres problèmes sont nés; d'autres questions se sont dressées, redoutables, pressantes, nombreuses, les questions sociales!

Le Parlement ne reposant plus sur les éléments

sociaux, mais sur le nombre, n'avait plus en lui ce qu'il fallait pour s'adapter immédiatement aux besoins nouveaux. Des symptômes de faiblesse se sont manifestés, et le prince de Bismarck a pu dire que l'âge d'or du régime parlementaire était fini.

Serait-il possible de revenir aujourd'hui à des tendances plus organiques? Elles apparaissent déjà, en germe, dans plusieurs législations positives, et elles sont plus répandues qu'on ne le croit.

Sans compter le Sénat français, émanation de groupes locaux et de forces locales, le Sénat en Italie, en Espagne, en Portugal; le Parlement en Autriche, en Roumanie, en Finlande; l'Assemblée provinciale en Russie, dans le grand-duché de Bade, en Bavière, en Saxe, en Prusse; l'Assemblée communale en Prusse, à Brême, à Hambourg se rapprochent de la représentation des intérêts sociaux. Il en est de même en Belgique du système des sénateurs provinciaux.

Il devient de plus en plus manifeste qu'il faut abandonner la représentation du nombre, pour aller aux divisions organiques et à la représentation des groupes.

Les campagnes et les villes d'abord forment des organismes distincts. Et il a fallu l'esprit d'abstraction du régime impérial pour confondre dans un même moule deux types aussi absolument dissemblables qu'un village et une grande ville.

Il existe, en outre, certains cadres : les unions ouvrières, les chambres syndicales, les académies, les universités, le barreau, la magistrature, le clergé, l'armée, etc., qui sont les rouages naturels d'une représentation organique, et qui permettraient de refléter déjà, moins imparfaitement qu'on ne le fait aujourd'hui, les principaux éléments de la vie nationale.

Quelle force de résistance aurait un régime politique où le Sénat, émanant des intérêts sociaux les plus élevés, recruterait l'élite de la nation, serait l'expression du principe d'autorité dans ce qu'il a de plus noble et représenterait cette autorité légitime qui a sa source dans le talent, la science, la raison, la capacité;

Où la Chambre représenterait les campagnes divisées en cantons ruraux ou industriels, et les villes divisées en collectivités d'électeurs répondant aux grandes forces économiques du pays;

Où, enfin, les assemblées provinciales et les conseils communaux des grandes villes représenteraient des catégories d'électeurs groupés d'après les intérêts essentiels de la province et de la commune (¹).

(¹) Voici un passage d'une lettre que Taine me faisait l'honneur de m'écrire, le 28 novembre 1881, en m'accusant réception d'une brochure que j'avais publiée sur la réforme du régime parlementaire : « ... Si les sociétés du moyen âge ont pu subsister à travers tant de catastrophes, c'est grâce à l'organisation que vous indiquez; j'indiquerais, pour moi, un autre effet et non moins avantageux de cette structure : les chefs ou représentants étaient toujours des notables les plus capables de chaque groupe; au contraire, aujourd'hui, par le suffrage universel brut, les chefs sont presque toujours des hommes de valeur secondaire et assez souvent des demi-talents avortés ou des probités plus ou moins avariées. Au lieu du conseil municipal de Paris ou de New-York, nous aurions, en suivant cette méthode de l'ancien temps, une assemblée de premier ordre, comprenant des chefs d'industries comme MM. Hachette, Barbedienne, Christophe, Cail, le président de la Chambre des notaires, celui de la Chambre des avoués, le syndic des agents de change, le bâtonnier en charge ou ancien de l'ordre des avocats, le président du tribunal de commerce et autres

Quoi qu'il en soit, après un siècle entier d'égalisation et de nivellement, il n'est pas étonnant de ne pas rencontrer encore tous les organismes nécessaires au développement complet de cette structure supérieure (¹).

Mais il nous appartient de contribuer à leur reconstitution et de remplir les vides. Jusqu'au jour où l'œuvre sera complètement achevée, il faudra se résigner à recourir souvent à des palliatifs tels que la représentation des minorités, le scrutin uninominal, la formation de classes d'électeurs.

Mais au moins n'oublions pas le but à atteindre. Les nations se trouvent actuellement en présence de deux politiques :

Il y a, d'une part, la politique de Rousseau, du contrat social, de la centralisation, du suffrage universel et de la législation directe. Cette politique, legs du siècle dernier, est connue. Elle est constamment glori-

notabilités et capacités du même genre, bref, l'élite véritable. Mais ceci est antidémocratique et les idées de Rousseau prévalent. On ne comprend plus le vieux principe qui pourtant était si sage : il réservait les fonctions publiques à ceux qui avaient fait leurs preuves dans la vie privée... »

(¹) Parmi les travaux remarquables publiés en Belgique et essayant de réaliser le système, il faut noter :

Hector Denis, *Organisation représentative du travail*, 1872. — Études dans la *Revue sociale et politique*, 1891, n° 5.

Guillaume De Greef, *La constituante et le régime représentatif*. Bruxelles, 1892.

de Hauleville (baron). Nombreux articles de journaux et de revues, et notamment *Revue sociale et politique*. Fascicule 6, 1894.

Projet de loi de 1883, déposé par MM. Buls, Goblet, Vanderkindere et Arnould.

Projet de loi de 1892, déposé par M. Helleputte.

fiée, nous n'avons cessé d'en souffrir; elle nous conduit à la dissolution.

Il y a, d'autre part, la politique des groupements sociaux. Elle est moins populaire; elle dort cachée dans la poussière des archives; il faut la réveiller et peut-être nous rendra-t-elle un jour ce sentiment du droit, de la justice et de la responsabilité, cet idéal de dignité, de solidarité et de cohésion vers lequel s'élèvent nos vœux, nos aspirations et nos espérances, mais qui semble, hélas! si loin de nous!

CHAPITRE VIII.

La culture intellectuelle.

La culture intellectuelle contemporaine. Son manque d'unité. Points
de comparaison. Déclin de la haute culture. Rôle des universités.
Caractère trop professionnel de leur enseignement. Multiplicité des
examens pratiques. Excès de spécialisation. Nécessité d'une culture
plus générale. Les humanités et les langues modernes. Portée sociale
de la haute culture.

Après avoir examiné de quelle façon l'organisation
politique peut aider à la reconstitution de l'esprit
social, je ne serais pas complet si je n'examinais également l'action considérable et prédominante que la
culture intellectuelle et la culture morale doivent
exercer sur notre société.

Considérons d'abord le domaine intellectuel. J'ai
signalé (¹) les effets funestes d'une instruction trop
centralisée. Nous apercevons immédiatement dans le
domaine de la haute culture le reflet de l'universelle
tendance à l'émiettement.

Ce domaine n'est plus l'apanage d'une élite s'impo-
sant à la foule, il est l'apanage de tous. Chacun va de
son côté; chacun veut avoir son école, ses disciples, sa

(¹) Chapitre III, p. 88.

royauté passagère. Chacun veut provoquer une sensation non encore éprouvée; chacun poursuit la nou-
veauté même aux dépens de la sincérité et du vrai.

L'empreinte du génie, c'est la profondeur, la clarté
sereine, la souveraine et majestueuse simplicité. L'art
immortel plane dans des régions d'où il illumine et
réchauffe tout de ses rayons. D'où vient donc qu'il y a
aujourd'hui tant d'obscurité, de complication, de
recherche, quand il suffit de puiser à la source limpide
de la nature? D'où vient que parfois l'art semble
réservé à quelques initiés? D'où vient la fièvre des
esprits? D'où vient que la grande mêlée actuelle a quelque chose de si âpre, de si tourmenté, de si inquiet?

Ici aussi, l'atomisation a fait son œuvre. La culture
générale qui donnait aux hommes des points de contact a fait place aux spécialités qui se cantonnent dans
leur solitude bornée. De crainte de la banale médiocrité qui étouffe et qui tue, on se jette dans l'étrange
et l'artificiel.

L'originalité, manifestation élevée de la personnalité
humaine, disparaît et il reste l'excentricité qui en est
l'expression factice, rapetissée, vulgaire et parfois
grotesque, comme la vanité est la caricature de
l'orgueil.

Ce qui nous manque, ce sont les vues d'ensemble,
la cohésion qui caractérise les époques idéalistes et
créatrices. Au lieu de la tendance à se rapprocher tous
ensemble d'un idéal commun, apparaît la volonté de
se séparer les uns des autres, de se distinguer les uns
des autres, d'attirer l'attention sur soi au détriment
des autres.

Pour bien se rendre compte des conditions de la culture actuelle, il n'y a rien de tel que de la comparer à la culture du début du xix⁰ siècle; et si notre société pouvait se recueillir et remonter aux premiers jours de la seconde Restauration, elle verrait combien le changement a été profond.

Je ne dis pas que c'était mieux alors : les souvenirs, je le sais, sont souvent des illusions, et il est rare de de pas regretter une société disparue. Je dirai seulement que c'était autre chose, et que le calme réparateur qui a suivi les commotions tragiques de la Révolution et de l'Empire a eu sur les esprits une influence bienfaisante.

A qui n'est-il pas arrivé, en relisant un épisode, en revoyant un vieux portrait, du temps dont je parle, d'avoir comme une vision lointaine d'un monde dont la physionomie a été si particulière et dont le règne a été si court?

C'est par exemple à Paris, dans le grand amphithéâtre de la Sorbonne, une jeunesse vibrante se pressant aux cours de Guizot, Villemain, Cousin; ou bien rue de Sèvres, au troisième étage de l'abbaye au Bois, la petite chambre de Mme Récamier; non plus de Mme Récamier adulée, fêtée, et dans tout l'éclat du triomphe, mais de Mme Récamier telle qu'elle est décrite dans les *Mémoires d'outre-tombe*, vieillie, ruinée, ne conservant plus autour d'elle, de tout le luxe passé, que quelques livres, une harpe, le portrait de Mme de Staël, une vue de Coppet au clair de lune. Elle recevait là, le soir, Chateaubriand, Talma, Benjamin Constant, des hommes de tous les partis, de toutes les opinions, de toutes les conditions; ils venaient dans ce réduit pour le simple plaisir de causer, et, chose qui nous paraîtrait étrange aujourd'hui, ils y trouvaient d'autant plus de charme qu'ils appartenaient à des camps différents. La tourmente dissipée, ils étaient retournés avec bonheur à la vie sociale. Gardant des orages passés comme une sorte de vibration intime, ils apportaient, en outre, à la société nouvelle de grandes manières, un goût délicat, beaucoup de tolérance et de chaleur de sentiment, et une véritable noblesse intellectuelle.

C'est, à peu près à la même époque à Berlin, le salon de Varnhagen von Ense et de sa femme, la célèbre Rachel Liévin, qu'on a surnommée la Récamier allemande, et qui avait divisé les hommes en deux catégories : ceux qui sont eux-mêmes et ceux qui sont autrui. Comme Mme Récamier, elle avait su grouper autour d'elle ce qu'il y avait en Allemagne d'esprits élevés, ce qui représentait l'intelligence : Humboldt ou Schlegel, Fichte ou Schelling, Arndt ou Stein. Cette élite de penseurs, mêlés à tous les événements de leur temps, imprégnés de l'idéalisme platonicien à la façon de Schiller, encore dans le rayonnement de leur XVIIIe siècle si enthousiaste, si poétique, professaient, eux également, le mépris des distinctions sociales, le culte de la valeur personnelle, l'horreur du pédantisme, l'amour du naturel, de la sincérité.

Et il y avait ainsi, à Berlin comme à Paris, une société d'un optimisme un peu naïf, mais raffinée, vive, brillante, douée d'une grâce séductrice, d'une flamme de vie qui attirait et réchauffait ; dédaigneuse des vanités mondaines, avide des vrais plaisirs et des vraies supériorités de l'esprit ; avide aussi de calme, de repos, et en quelque sorte de sérénité.

L'accalmie, l'optimisme ont été de courte durée : l'idéal changeant qui à chaque détour du chemin se dresse devant les hommes pour les faire marcher, s'est bientôt présenté à eux sous une forme nouvelle ; et la fièvre s'est encore une fois emparée des esprits, la sève a circulé avec plus d'ardeur, les passions ont fermenté ; et partout, dans tous les domaines, ont recommencé les luttes d'écoles et de partis, les conflits et les déchirements qui durent encore. Tout s'y retrouve : dès le début, ce sont déjà nos partis politiques et sociaux ; les saint-simoniens, les disciples de Bazard et d'Enfantin sont les précurseurs des collectivistes ; les disciples de Blanqui et de Barbès sont les précurseurs des anarchistes ; Balzac et Flaubert dissèquent déjà la bourgeoisie et étalent ses plaies morales ; Victor Hugo, Lamartine, George Sand, Quinet, sont les apôtres de la rénovation sociale, et Thiers a dit du romantisme qu'il devait aboutir à la Commune.

La grande mêlée actuelle n'a donc rien d'inattendu ; elle continue le mouvement commencé. Elle a toutefois sa caractéristique.

Les polémiques sont plus personnelles, plus acharnées. Il suffit de comparer les polémiques du *Globe* et de l'*Avenir* aux discussions de notre presse. Les coteries sont plus étroites, plus exclusives, et la politique de l'intérêt personnel l'emporte définitivement sur la politique de l'idéalisme et du sentiment. On a autour de soi l'impression d'une agitation fébrile; on voit des hommes pressés d'arriver au but et accélérant toujours leur course. Jamais on n'a autant écrit, publié, parlé, inventé de systèmes, échafaudé de théories. Mais les écrivains restent isolés; on lit trop de journaux pour avoir le temps de lire des livres; de telle sorte que l'abîme entre ceux qui pensent et ceux qui regardent penser les autres s'élargit tous les jours davantage. Enfin, il faut le dire aussi, il y a plus d'incertitude que jadis; on n'entre plus dans un parti politique, dans une école littéraire, comme dans une pension bourgeoise, où l'on vous fournissait tout ce dont vous aviez besoin, et où l'on avait le droit de ne s'inquiéter de rien. On ne trouve plus la table toute servie, il faut composer le menu soi-même. Partout c'est un fouillis d'idées, d'aspirations, d'espérances qui se lèvent comme les blés au soleil; et au milieu des tendances contradictoires, entre les idées anciennes qui descendent et les idées nouvelles qui montent, les individus ne rencontrent nulle part d'autorité reconnue, de formule acceptée. Les uns sont effarés, indifférents; les autres, systématiquement hostiles, d'autres encore se jettent avec frénésie sur les institutions établies comme des enfants qui veulent détruire un jouet parce qu'ils l'ont depuis longtemps. En un mot, l'équilibre est rompu.

On dit : C'est la fin d'un siècle; mais ce mot n'a aucun sens. Pourquoi, dans le cours infini du temps, la fin d'un siècle aurait-elle une autre portée que la fin d'une année, d'un mois, d'une heure? On dit : C'est la fin d'une classe sociale, et il y a longtemps qu'on le dit. Vers 1840, le grand misanthrope de la légitimité, Chateaubriand, écrivait : « Toute classe dirigeante a trois âges : l'âge des supériorités, l'âge des privilèges et l'âge des vanités. » Il est bien possible que nous soyons à l'âge des vanités ; mais s'il est vrai que les classes sociales vieillissent et déclinent, il est vrai aussi qu'elles se renouvellent et se remplacent incessamment et qu'ainsi l'humanité reste toujours jeune. Seulement, s'il n'y a ni fin de siècle, ni fin d'une classe, il semble bien qu'il y ait un de ces moments d'évolution rapide de la civilisation : le développement prodigieux de toutes les sciences a agrandi, dans des proportions inconnues jusqu'ici, le champ de la pensée ; la concentration prodigieuse des richesses a agrandi dans les mêmes proportions le champ des conflits sociaux. Les conceptions se transforment dans tous les domaines ; l'aspect des choses varie dans toutes les directions. Pour suivre ce mouvement, pour s'y adapter, l'esprit public devrait être plus fortement armé que jamais par la haute culture, et c'est précisément maintenant que l'on constate un appauvrissement indéniable de cette haute culture qui est cependant aussi nécessaire à l'homme pour bien penser que l'air lui est nécessaire pour respirer.

Quelle est la cause de la situation ? Pourquoi notre culture n'est-elle pas plus générale ?

Et tout d'abord, quand on parle de haute culture, on songe immédiatement aux universités et l'on se demande quelle est leur part de responsabilité dans l'état des esprits.

Les universités n'ont plus le grand rôle qu'elles ont eu à différentes heures de l'histoire.

Au moyen âge, leur mission était, il est vrai, plus simple qu'aujourd'hui, mais cette mission plus simple, elles l'ont accomplie avec une puissance extraordinaire; elles n'étaient pas des écoles nationales, mais des écoles européennes; elles étaient les organes de la pensée humaine, de vastes arènes ouvertes à toutes les aspirations. Prenez le XIIIe siècle, époque de rénovation intellectuelle, qui a tant d'analogie avec la nôtre : Paris pour la philosophie, Bologne pour le droit, étaient des foyers de haute science; on y accourait de tous les points du monde pour participer au grand élan des esprits, et on y formait des hommes, des penseurs. Voyez les universités d'Allemagne au XVIIIe siècle : elles ont incarné le génie allemand. Les petits princes allemands ont prêté à rire en faisant de leurs résidences des réductions de la cour de Louis XIV, en adoptant l'étiquette, les cérémonies, les mœurs, les costumes de Versailles; mais ils ne s'entouraient pas seulement de chambellans : ils s'entouraient de savants; ils fondaient des universités dans un but de pure science; ils multipliaient les ateliers où s'élaborait la haute vie intellectuelle, et ils ont fait éclore un des mouvements les plus florissants de la civilisation. Et ce mouvement a laissé des traces jusqu'au moment actuel, car c'est encore en Allemagne que l'on fait le mieux la distinction nécessaire, et que nous avons méconnue, entre ce qu'exige le culte de la science et ce qu'exige l'exercice d'une profession.

Les universités ont perdu leur influence civilisatrice; elles l'ont perdue d'abord parce que, dans un monde comme le nôtre, elle est plus difficile à exercer; ensuite, parce que, pour répandre la haute culture, il ne suffit pas qu'il y ait beaucoup d'universités, d'étudiants, de cours et de professeurs; il faut aussi que le public s'y prête, qu'il ait le goût de la science, qu'il aime l'instruction pour elle-même et non pour le profit immédiat à en retirer. La haute culture c'est, en effet, le goût de l'instruction pour l'instruction et non pour l'usage à en faire.

Or, l'opinion publique a résisté : elle a organisé une poussée formidable vers les études pratiques; elle a obligé les universités à aller à l'encontre des nécessités sociales; et le législateur n'a rien essayé pour la retenir sur cette pente. Alors que toutes les carrières libérales sont encombrées, les universités en ont cependant été réduites à fabriquer régulièrement des légions de médecins, d'avocats, d'ingénieurs; et comme l'essentiel pour eux a été d'aller vite, comme ils n'ont pu acquérir la haute culture ni dans l'enseignement moyen, ni dans l'enseignement supérieur, et qu'une fois dans la vie active ils n'ont eu ni le temps, ni le goût de l'acquérir, ils sont entrés dans la classe dirigeante sans les qualités nécessaires pour diriger; et l'on a vu une chose dangereuse entre toutes : des hommes exerçant comme un métier des fonctions politiques ou publiques, qui sont une science difficile et un art compliqué.

« L'Europe, dit Fouillée (¹), constituera l'élite intel-

(¹) *Revue des Deux Mondes*, 1er juillet 1894 : « Les caractères des races humaines », p. 106.

lectuelle à une condition, c'est que nos démocraties ne se perdent pas en nivelant tout, en abaissant le niveau de l'enseignement sous prétexte d'égalité, en ouvrant les carrières libérales à ceux qui n'ont reçu qu'une instruction inférieure, en admettant à leurs universités une foule de plus en plus envahissante et de moins en moins choisie. »

On a cru trop longtemps à un vieux cliché disant que les professions libérales mènent à tout. On y croit encore. A la veille de 1789, chacun voulait figurer parmi les gens de qualité; actuellement, chacun veut figurer dans les carrières libérales! Et le drainage des forces intellectuelles du pays vers ces professions a eu des conséquences désastreuses auxquelles on n'a pas toujours songé : il a produit dans le monde moral à peu près le même effet que les excès du capitalisme dans le monde économique; c'est-à-dire un déplacement et une concentration de forces au détriment de l'intérêt général, ou, pour parler d'une façon plus précise, l'affaiblissement de l'élément vital d'un pays, de la petite bourgeoisie rurale et urbaine.

En effet, quand le petit négociant, le boutiquier, le cultivateur travaille avec la pensée d'avoir dans ses enfants des continuateurs de ses efforts; quand ceux-ci, à leur tour, ont la certitude de transmettre à leurs descendants le métier paternel agrandi, développé, il se forme naturellement une classe indépendante qui a ses idées et ses intérêts et ne perd pas le contact avec le peuple. Elle n'a point de bien hautes visées, mais elle n'a pas non plus d'ambitions démesurées. Si ceux qui la composent restent médiocres, ils pourront être heureux, même dans la médiocrité, car ils sont à leur place. S'ils prospèrent, ils formeront une réserve précieuse de raison pratique, de patience, de qualités solides et viriles. Mais quand ils abandonnent les conditions moyennes de la vie sans avoir un bien grand talent, ils tombent ; car cette fois, ils n'ont plus le droit d'être médiocres ; n'est pas médiocre qui veut. Ils doivent s'élever à tout prix. Et alors, sans l'ouverture d'esprit que donne la vraie culture, ils s'agitent dans un petit cercle d'intrigues, de cabales, de rivalités ; ils éprouvent des froissements, ils s'aigrissent et finissent par ne plus voir juste. En désertant leur milieu, ils lui ont enlevé une force incontestable ; en entrant dans un milieu nouveau, ils ne lui apportent rien que des ferments de désagrégation. La déperdition de force sociale est évidente.

Voilà ce qui a rabaissé les établissements supérieurs au niveau d'écoles professionnelles et les a soumis à des préoccupations d'un ordre infime qu'ils n'auraient jamais dû avoir.

Il y a à cet affaissement un signe extérieur saisissant : la multiplicité des examens pratiques. Je suis loin de prétendre qu'il ne faille pas d'examens, qu'il ne faille pas exiger de ceux qui aspirent aux fonctions publiques des garanties de capacité. Je pense, au contraire, que l'État a le droit de placer à l'entrée des carrières des épreuves bien plus difficiles et plus sérieuses que celles qu'on impose aujourd'hui. Seulement, en ne séparant pas, comme on le fait en Allemagne, les garanties scientifiques et les garanties professionnelles, nous n'avons ni les unes ni les autres.

Nos examens sont, pour ainsi dire, des exercices annuels de mémoire; ils ne constituent pas une digue contre la marée montante des médiocrités et ne constituent pas non plus une preuve de vrai savoir. Notre système est un tamis qui laisse tout passer; il n'entrave qu'une chose, le développement de la science et le culte de l'idée.

Avant d'appeler le xixe siècle le siècle des ouvriers, Gladstone l'avait surnommé le siècle des examens. Et nous sommes bien de notre siècle à ce point de vue. C'est inouï ce que l'on passe d'examens en Europe. Si cela continue, il arrivera un moment où une moitié des nations sera occupée à passer des examens, et l'autre moitié à en faire subir. Les mandarins, qui commencent à voyager et à lire beaucoup, nous approuvent sans doute. D'après Renan, « le système chinois des examens a produit une incurable sénilité ». Ce serait une question de savoir si le système chinois des examens est une cause ou un effet de la sénilité. Ce qui est évident, c'est que la manie de tout faire dégénérer de l'enfance à la vieillesse, en compositions, concours, épreuves, grades, diplômes, distinctions de toute espèce, répond à une fâcheuse tournure d'esprit, au formalisme, à la conviction que la science c'est l'examen, que l'examen c'est le diplôme, et que le diplôme c'est l'homme. D'ailleurs, en ne réagissant pas, en disant à tous les diplômés : « Croissez et multipliez », en produisant cette armée de candidats, à quels résultats aboutit le législateur? A celui-ci : les quémandeurs se pressent devant toutes les avenues, avec la certitude qu'ils ont un passeport devant lequel tomberont les

barrières, un droit sacré à une nomination. La candeur
des illusions fait place à une présomptueuse assurance, à l'amertume de n'être rien encore à vingt
ans. Et nous assistons à l'effrayante curée des places,
chaque jour plus meurtrière et j'ajoute chaque jour
plus triste pour un pays. Car, si la lutte pour les idées
élève même les esprits humbles et modestes, la lutte
pour les places rabaisse même les esprits élevés; la
première éveille des passions respectables et laisse un
refuge à la tolérance; la seconde n'éveille que des
passions mesquines et rend fatalement sectaire. C'est
pour cela qu'il faut moins de diplômés et plus
d'hommes. La haute culture n'est point celle qui
donne le plus rapidement le plus de notions usuelles,
mais bien celle qui donne la meilleure qualité d'esprit.

Quand on se trouve, à Oxford, devant les vieux
collèges couverts de lierre, dans les parcs ombreux où
paissent de grands troupeaux de daims, aux bords de
la tranquille Isis, où jadis, sous les ormes, Addison
rêvait; quand on envie la calme et facile existence des
étudiants et des professeurs, on ne comprend pas
immédiatement la haute signification de la devise, en
vieil anglais, inscrite au fronton du collège d'Exeter :
Manners makyth men.

Mais suivons cette race patiente, énergique, active,
entreprenante, répandue dans le monde entier, le
parcourant en tous sens et faisant y circuler les
richesses, les inventions et les idées. Tandis que les
mandarins du continent étouffent sur une scène trop
étroite, eux, au contraire, les hommes d'instinct et
d'initiative, se dressent partout, dans le tumulte des

flots ou le fracas des usines, dans la vallée de Dar-
jeeling, au pied de l'Himalaya ou au pied des mon-
tagnes Rocheuses, dans les glaces du pôle ou dans les
sables de l'Afrique ; et partout ils symbolisent et l'amour
de la patrie, et la joie de vivre, et la santé physique et
morale, et ce splendide équilibre des facultés qui laisse
à l'âme ce qu'elle a de meilleur, sa jeunesse et sa force
créatrice! Nous voyons bien alors que l'éducation fait
l'homme ; qu'il ne faut pas être exclusif en parlant de
haute culture et l'identifier avec le surmenage du
cerveau. Il y a des blasés de l'intelligence comme des
blasés de la vie ; l'esprit s'ouvre au contact des idées ;
il s'ouvre aussi au contact des choses. Les choses ont
leur bonté immanente ; elles sont capables de faire
comprendre toute la poésie qui se dégage de l'univers,
toute la science qui se dégage de la vie. La seule
méthode qui ne produise rien, la seule qu'il faille
condamner à tout prix, c'est celle qui n'a pris que trop
d'empire chez nous : le formalisme et le verbalisme.

Nous sommes ici à la source du mal : nous ne
formons pas des hommes ; la course au diplôme professionnel trop vite conquis, ce rapide voyage à
travers des études terre à terre produit des spécialistes
dans le sens étroit et défavorable du mot.

Assurément, dans une civilisation aussi complexe
que la nôtre, il ne peut être question de conserver le
type uniforme d'instruction qui a donné son empreinte
à notre enseignement, de la base au sommet. Il faut,
comme l'a si bien dit Michel Bréal, multiplier les types
d'instruction, multiplier les écoles spéciales. Toutefois,
s'il faut des écoles spéciales, il y a deux sortes de spé-

cialistes. Il y a les hommes qui, après avoir reçu une forte culture, s'adonnent à une branche spéciale, pour laquelle ils ont des aptitudes; ils deviennent des maîtres et font progresser la science; il y a aussi des spécialistes sans culture; ceux-ci sont aussi dangereux que les ignorants; ils étouffent les idées, ils les gâtent et font songer à ce que lord Chersterfield, dans ses lettres à son fils, disait de l'hôtel de Rambouillet : « Un laboratoire d'esprit où l'on donne la torture au bon sens pour en tirer une essence subtile. »

Le nombre de ceux qui donnent la torture au bon sens est considérable. Un homme même peu doué, se livrant toujours au même exercice, que ce soit du droit ou de l'algèbre, du sanscrit ou des tours d'acrobate, deviendra très fort dans sa partie. Mais s'il ne connaît que cela, si dans cet organisme grandiose de la nature, où tout s'enchaîne et se tient, il découpe une petite tranche à son usage et s'isole du reste de l'univers, il perd la notion exacte des choses. Ce n'est plus un savant, ce n'est même plus un pédant, c'est, on l'a dit (¹), une chenille qui passe sa vie sur une feuille et la dévore en ignorant que la feuille appartient à l'arbre et que l'arbre fait partie du monde infini. A quoi servirait à un philologue de déchiffrer une inscription cunéiforme s'il ignorait l'histoire? A quoi servirait à un naturaliste d'enregistrer un fait s'il n'avait pas des idées générales sur le monde? A quoi servirait à un jurisconsulte d'invoquer des arrêts s'il n'avait pas l'intuition de la grande force sociale du droit.

(¹) REMBRANDT ALS ERZIEHER, *Von Einem Deutschen*. Leipzig, 1891.

Dans tous les domaines, il faut donc une dose convenable de culture générale. Trop généraliser, c'est planer dans le vide, et l'édifice de l'antiquité classique est tombé en poussière pour avoir eu un idéal sans base positive. Trop spécialiser, sans culture générale, sans idéal, c'est également faux. C'est ce qu'on a appelé l'américanisme, cette tendance d'esprit qui fait des rues bien droites, des maisons bien régulières, des places bien propres et sans verdure, et qui fait aussi des cerveaux bien positifs, des idées bien terre à terre et des âmes bien sèches. On décore cela parfois, chez nous, du nom de bon sens, mais quand cela est exagéré, cela peut s'appeler aussi stérilité d'esprit, impuissance à s'élever un peu haut. Et ainsi, quand une idée surgit, on assiste à la levée en masse des esprits pratiques, s'imaginant que les idées ne sont là que comme des quilles dans la cour d'un cabaret de village, pour être abattues. Et plus ils en abattent, plus ils sont contents.

Ne craignons donc pas de donner de la verdure aux villes et de la culture à l'esprit, et j'ajoute : Ne chassons pas de la vie l'imagination, car l'imagination est un don précieux entre tous et, sans elle, le monde est morne, triste et vide.

Y a-t-il eu, par hasard, une vertu magique autre que l'imagination pour prêter à la société du xviie siècle le charme souverain dont Cousin a subi l'attrait? Y a-t-il eu autre chose que l'imagination pour faire surgir, au milieu des agitations du grand siècle, ces nobles et touchantes figures de femmes, Mmes de Longueville ou de Sablé, de la Fayette ou de Sévigné, qui dans les salons de Mlle de Scudéry, dans les réunions brillantes du Luxembourg, ou dans la retraite silencieuse de Port-Royal, ont connu la plupart des grands hommes de guerre ou de plume de leur temps, et ont su toujours les captiver et parfois les conduire?

Y a-t-il eu autre chose que l'imagination pour donner à la femme du xviiie siècle cette personnalité si bien mise en relief par les Goncourt? N'est-ce pas par l'imagination qu'elle a eu sans pédantisme, sans fausse érudition, sans diplôme de capacité, l'intuition de toutes choses, la connaissance des hommes et des événements? C'est l'imagination qui a fait éclore au xviiie siècle cette chose charmante que le vent égalitaire a balayée et qui pourtant ne vivait que d'une certaine égalité : je veux dire le salon. Le salon où les femmes savaient, par l'imagination, intéresser les savants et les philosophes, où les philosophes et les savants savaient, grâce à l'imagination, causer avec les femmes, et où chacun ne restait pas dans son coin à parler de ses petits plaisirs, de ses petites affaires, ou de sa spécialité.

Qu'il y ait eu alors comme aujourd'hui des coteries, c'est certain. Il y en a eu et il y en aura toujours. Mais les coteries chez Mmes Geoffrin, Du Tencin, du Deffand avaient un certain intérêt que les nôtres n'ont plus, et une excuse que nous ne pouvons plus invoquer : l'art de causer y servait le progrès des idées et donnait l'impulsion à l'esprit public. Les coteries actuelles sont à un niveau inférieur. Faute de culture générale, rattachant l'intelligence à des idées maîtresses, les arts et les lettres y sont ramenés à une

sorte d'esthétisme passionné et irréfléchi, à des engoue-
ments aussi furieux que passagers, qui font surgir et
tomber les idoles avec la rapidité de la mode incon-
stante et versatile.

Je viens de parler du rôle social et mondain de
l'imagination. Faut-il parler de son rôle scientifique?
On a parfois prétendu que l'imagination bonne pour
le passé ne peut convenir à notre époque scientifique,
que la science et l'imagination s'excluent. Ne sait-on
pas cependant combien dans la science elle-même
l'influence de l'imagination est considérable? Ne
sait-on pas que les savants, utiles à l'humanité, les
auteurs de découvertes fécondes, loin de se borner à
enregistrer des faits, ont toujours été des hommes
d'imagination?

Est-ce qu'un mathématicien comme d'Alembert, un
astronome comme Laplace ou Arago, un physicien
comme Ampère, un naturaliste comme Cuvier ou
Darwin, un physiologiste comme Schwann, ne doivent
pas beaucoup à cette faculté puissante entre toutes?
L'imagination chez les névrosés est une maladie, elle
provoque des hallucinations et il faut la guérir. Mais
dans les cerveaux sains, l'imagination est une force;
on peut dire qu'elle est dans le monde moral comme
le soleil dans le monde physique. Comme le soleil, en
effet, elle fait resplendir la réalité; comme lui, elle
rend les choses plus nettes, elle leur donne le relief,
la couleur et la vie et pas plus que lui elle n'empêche
de les voir telles qu'elles sont.

Tel est le grand avantage de la culture générale.
Elle fournit un ensemble d'idées et de sentiments qui

élèvent l'esprit; elle le fortifie; elle le met à même de saisir d'instinct la valeur et la portée des choses.

Et si l'on demande maintenant : Quelle doit donc être la culture générale de notre temps? La réponse qui s'impose est celle-ci : Elle doit être moderne.

Je touche à une question bien vieille, on la discutait déjà du temps de la Convention et du temps d'Arago, et bien actuelle, elle est discutée en ce moment partout; c'est la question brûlante d'une période de transition; elle met aux prises les partisans et les adversaires des humanités classiques.

Les humanités classiques, c'est le culte de l'antiquité; nous en vivons depuis des siècles, nous en sommes imprégnés, et notre vie intellectuelle en est tellement imbue que nous avons oublié l'origine et la signification des études classiques.

Le culte de l'antiquité classique a été, pendant un moment, un énorme progrès de l'esprit humain; il a donné son nom à une des plus grandes étapes de la pensée, puisque la Renaissance, tout le monde le sait, a été la renaissance des lettres anciennes. Cette renaissance était une réaction contre le formalisme. Elle signifiait : épanouissement de l'idée; plus d'indépendance et de liberté; compréhension plus haute de l'univers; la vue de l'homme élargie, son horizon étendu.

De nos jours, le classicisme est encore quelque chose évidemment, mais il n'est plus cela; il est surtout le type de la majesté du style, de l'harmonie, de la cadence, de la pondération dans les mots et dans les idées. On y revient, on y reviendra éternellement, comme à une source inépuisable de noblesse et de dignité. Quand on voudra admirer des œuvres où rien ne choque, où aucun élan désordonné de passion, où aucun écart de sentiment ou de raison ne froisse notre goût inné de l'ordre, de l'harmonie, on relira une page de Cicéron ou de Virgile, une ode d'Horace, une lettre de Pline le Jeune. Mais si le classicisme nous donne encore des impressions et des formes, il ne nous donne plus d'idées.

Au contraire, au temps de la Renaissance, l'étude de l'antiquité répondait à la réalité; elle était générale; l'éducation entière était latine; le latin était la langue des études, des universités, des belles-lettres, parfois de la diplomatie. Un humaniste du XVIᵉ siècle parlant le latin était un véritable savant. Il était, par le latin, en rapport avec tous les savants de son temps; il était, par le latin, à la hauteur de toute la science de son temps. Le latin était donc un instrument de civilisation, au même titre qu'aujourd'hui la vapeur et l'électricité; il abaissait les barrières, il rapprochait les peuples. Actuellement, on voit dans le latin une « gymnastique de l'esprit », c'est la vertu que ses partisans lui attribuent, et leur grand argument en faveur des études classiques. Eh bien! le latin était alors bien plus qu'une gymnastique de l'esprit; il était le vrai levier, la vraie force morale: on y puisait des mobiles et des exemples, des enseignements pratiques.

Mais quelque chose est né au XVIIIᵉ siècle qui a changé tout cela : le sentiment de la nature. Le sentiment de la nature éclate soudain au XVIIIᵉ siècle avec la divine splendeur d'un amour jeune, chaste et fort, et il trouve son expression ardente dans la profession de foi du vicaire savoyard. Tel est le sentiment qui se dresse devant l'antiquité classique; l'amour nouveau éclipse les anciennes amours ; il réduit le culte de l'antiquité à une sorte d'esthétique spéculatrice planant dans la région des idées pures, et il transforme de fond en comble le monde intellectuel.

En effet, l'amour de la nature n'a été que le signe précurseur de l'étude de la nature; et l'étude de la nature est devenue la note dominante de la civilisation contemporaine; elle a produit le merveilleux essor des sciences; elle nous enveloppe comme l'océan entoure le navire qui avance.

Ce n'est tout. L'étude de la nature a exercé son influence même sur la politique. Elle y a introduit la question des races, des nationalités; le principe que la langue fait partie de l'individu comme sa chair et son sang; le principe qu'un peuple ne peut se développer spontanément et librement que dans sa langue. Elle fournit un argument de plus à ceux qui repoussent la centralisation dans le sens latin et veulent la décentralisation dans le sens national. Elle contribue ainsi à l'avènement des langues modernes, et elle modifie les conditions de notre culture intellectuelle.

Nous sommes aux antipodes des humanistes. Rien n'est plus contraire à la simplicité, à l'unité, à la sécurité du développement gréco-latin que le développement moderne.

Le développement moderne est la variété, la complication, la mobilité par excellence; ce sont les

incertitudes de l'homme devant l'infini; ses luttes
contre l'inconnu; ses méditations devant l'Inconnaissable; ses efforts quant à l'interprétation de la vie; les
conflits tragiques d'intérêts et d'aspirations, aboutissant
aux questions sociales. La civilisation se présente en
quelque sorte à nous sous l'image d'un vaste chaos,
traversé par des rayons lumineux, où l'on entend
passer par instants de grands souffles populaires.

Où trouver l'écho de tout cela? Est-ce dans la littérature gréco-latine? Assurément non. Nous l'entendons
dans les littératures modernes; dans *Faust* ou *Hamlet*,
dans Shakespeare ou Gœthe, Byron ou Hugo ou
Léopardi. Comment étudier désormais une science
quelconque sans le secours des langues modernes?
L'impossibilité est absolue. Elles sont donc notre
substance; elles nous fournissent non seulement notre
esthétique et·nos rêves, mais encore les mobiles de
nos actions. Et c'est la condamnation des humanités
classiques telles qu'elles sont enseignées.

Quand on monte en ballon, on embrasse une plus
grande étendue de pays, mais les régions connues
apparaissent réduites, les détails s'effacent et l'on a
surtout une vue d'ensemble. Quand on s'élève dans
le domaine intellectuel, il en est de même; la perspective change aussi; on voit plus de choses, on voit
moins le détail. Si nous avons une vue moins nette
de l'antiquité classique, nous découvrons une vue
superbe de l'humanité vivante. Nous avons donc une
perspective nouvelle, nous devons adapter l'enseignement à cette perspective et réduire considérablement
la part des langues anciennes au profit des langues

modernes. Je fais naturellement exception pour ceux à qui leur profession ou leur spécialité impose plus tard la connaissance approfondie du latin ou du grec. Toutefois, cela n'oblige pas à donner l'enseignement classique à tous, ni à le donner dès le début. Ce n'est pas à onze ou à douze ans que l'on peut juger de la vocation d'un enfant; ce n'est pas à cet âge qu'il faut lui enseigner le latin et le grec, c'est plus tard, et il vaut mieux débuter par les langues modernes. Aujourd'hui, en consacrant même les premières années de l'enseignement secondaire au latin et au grec, on fait une œuvre inutile; on fatigue et on n'instruit pas; un cerveau mieux formé apprendra plus facilement et plus vite les langues anciennes.

Personne ne peut nier l'utilité et la possibilité des humanités modernes. Je ne m'occupe pas du côté pédagogique du problème. Ce point a été traité en Belgique, en France, en Allemagne par des hommes compétents. Ils ont montré qu'avec de bons professeurs et de bonnes méthodes, on pouvait parfaitement étudier les langues modernes comme on étudie les langues anciennes et faire, par ces langues modernes, des exercices aussi profitables à l'esprit que ceux que l'on fait actuellement par le latin et le grec.

Je ne prends la question qu'au point de vue de la culture intellectuelle, et je dis ceci : s'il est bon de faire connaître à la jeunesse les épopées et les légendes de la Grèce et de Rome, il est peut-être encore meilleur de lui donner une idée de la chanson de Roland, ou des vieilles Sagas scandinaves, le *Volesung Sang*, ou le *Frithiof Sang*, ou du *Niebelung-Lied*. Ces grands

poèmes nationaux sont peut-être moins parfaits dans
la forme, ils ont cependant un mérite supérieur : ils
sont vivants ; ils nous parlent de nos origines et de
nos traditions à nous ; ils nous font remonter à la
source mystérieuse de poésie qui, aux jours primitifs,
a jailli dans l'âme inconsciente de nos ancêtres et a
continué à couler à travers les générations comme un
fleuve fécondant.

De même, il faut évidemment parler à la jeunesse
des écrivains des siècles de Périclès et d'Auguste ; mais
peut-elle prendre part à la vie intellectuelle et avoir
une vue claire de l'humanité, si elle ignore les chefs-
d'œuvre qui dominent notre histoire, les grands génies
qui, depuis le Dante jusqu'aux contemporains illustres,
ont chanté nos joies et nos douleurs, nos haines et nos
amours, nos espoirs et nos doutes ?

Et enfin, ce qui est vrai de la littérature est vrai, à
plus forte raison, de l'éloquence. La politique qui
n'est pas revêtue d'art est un squelette décharné. Il
est donc naturel d'apprendre aux hommes à apprécier
Démosthène ou Lysias, les Gracques ou Cicéron. On
le fait trop peu et l'éloquence politique s'en ressent.
Jadis, on apprenait l'éloquence et on avait raison. On
l'apprenait dans les anciens et l'on avait encore raison ;
et on a eu raison jusqu'au xviiie siècle. A partir du
xviiie siècle, il n'en est plus de même, parce que
désormais nous avons aussi nos orateurs. Quintilien
disait aux Romains de son temps : « Étudiez l'éloquence chez vos orateurs. » S'il faisait un traité d'éloquence pour nous, il nous dirait évidemment : « Étudiez l'éloquence chez les modernes. » Et certes, ce ne

sont pas les modèles qui nous manquent. Mirabeau ou Vergniaud, Royer-Collard ou Guizot, Montalembert ou Berryer, Jules Favre ou Gambetta, ne le cèdent pas aux anciens. Pitt ou Burke, Fox ou Peel, lord Grey ou O'Connell, John Bright ou Gladstone, sont des types d'éloquence ; Cavour ou Bismarck valent ceux que je viens de citer.

On peut admirer leur forme comme on admire la forme chez les anciens ; mais encore une fois, il y a chez les modernes une supériorité évidente : ils ont quelque chose à nous dire. Les idées qu'ils défendent ou combattent sont celles que nous défendons ou combattons nous-mêmes ; leurs luttes sont les nôtres ; elles mettent en jeu les mêmes passions et les mêmes intérêts ; les émotions qu'ils ont fait éprouver à leurs auditeurs, nous les éprouvons encore en les lisant. Si bien que dans le plus beau discours d'un ancien, il y a toujours pour nous beaucoup de rhétorique ; dans le moins beau discours d'un orateur moderne, il y a toujours pour nous de fécondes leçons. Et nous profitons de la lecture des modernes même au point de vue de l'expression, car nous constatons la transformation de l'éloquence ; nous la voyons gagner de plus en plus en clarté, en simplicité et en énergie. Les hommes politiques n'ont plus le temps de faire de belles périodes ; ils doivent agir, convaincre par le choix des arguments, la solidité des raisons, la logique des déductions.

C'est donc tout cela qui constitue les vraies humanités et la vraie culture pour un homme de notre temps. Les humanités classiques ne développent plus en lui que l'esprit d'imitation ; les humanités modernes développeront l'originalité, la spontanéité dont nous avons tant besoin.

Loin de moi la pensée de ravaler les lettres anciennes ; il y aurait profanation à ravaler une aussi splendide floraison de l'esprit humain. Mais, puisqu'on ne peut tout apprendre et tout connaître en peu de temps, puisqu'il faut absolument choisir, puisqu'il faut absolument que l'homme arrivé à l'âge viril ait au moins une direction, une boussole, le moyen de comprendre son milieu, il est évident d'abord que l'on doit prolonger les études plus qu'on ne le fait. Pourquoi finir si vite ? Est-il bien nécessaire que tout le monde soit dans la politique à vingt ans ? Vingt ans, c'est l'âge de la noble solitude peuplée de rêves et d'études, et non pas de la multitude banale et de la politique décevante. Que l'on étudie plus longtemps, on s'en trouvera bien ; et que dans ces études ainsi prolongées on prenne comme base de l'éducation les langues modernes en y laissant plus tard une place, mais une place réduite, à l'antiquité classique.

Notre système actuel est plus rapide, seulement on en vient, en le suivant, à ignorer à la fois le grec, le latin et les langues modernes, c'est-à-dire à ne rien savoir et à gaspiller les plus belles années de la jeunesse sans profit pour la culture intellectuelle.

Une telle méthode exerce d'ailleurs son influence sur tous les esprits.

On s'étonne de trouver les uns si indifférents pour tout ce qui constitue la moelle de l'humanité, les autres si versatiles, si indécis. Mais comment une culture fragmentaire et formelle mettrait-elle les hommes en état de remplir les grands devoirs que la situation leur impose? Le contraste est trop grand entre les formules toutes faites dont on peuple les cerveaux et les événements qui se déroulent dans le monde.

L'incohérence actuelle est en partie le produit de la culture actuelle. La haute culture ne mérite son nom que quand elle donne de la cohésion aux esprits, quand elle fait comprendre l'époque où l'on vit, quand elle rend capable d'admirer l'éternelle bonté, l'éternelle beauté, l'éternelle justice, quand elle fait acquérir l'aptitude de se sacrifier à un idéal, quand elle forme l'âme nationale.

Il existe une école qui met le cosmopolitisme au-dessus du patriotisme. Comme si, de même que l'amour de la patrie puise une force nouvelle dans l'amour du home familial, ce n'était pas par l'amour de la patrie que l'on arrive à l'amour de l'humanité.

Le proverbe arabe dit : « Ce n'est jamais en vain qu'on a erré sous les palmiers. » Quand au printemps on parcourt les chemins foulés par les ancêtres; quand, à travers le rideau des peupliers, on voit se dresser les fermes séculaires avec leurs toits à pignons et leurs fenêtres à meneaux; quand la neige des vergers resplendit sur la verdure renaissante, et que, dans la lumière intense des grandes routes, les vieux arbres et les vieilles gens eux-mêmes semblent redevenir plus jeunes, il semble aussi que l'âme rajeunie du passé surgisse à l'horizon, et avec elle le souvenir des générations d'artistes, de penseurs, de héros dont elle est formée.

On songe alors que dans les milliards d'êtres qui viennent, passent et disparaissent comme de flottants atomes, il en est qui appartiennent au petit coin de terre que l'on habite, y ont puisé leur individualité et nous l'ont transmise pour que nous la transmettions à notre tour. On a la conscience d'aimer son pays d'un amour en quelque sorte physique, et l'on comprend que le lien qui, dans le tourbillon tumultueux de l'univers, dans l'agitation perpétuelle des choses, rattache l'homme au sol natal et lui donne un point d'appui, n'est pas une pure illusion.

La culture intellectuelle digne de ce nom contribue à inspirer aux citoyens ce patriotisme élevé; à développer en eux l'aspiration vers quelque chose de meilleur que les banalités de la vie quotidienne. Elle contribue à fournir à un pays la classe dirigeante dont il a besoin pour ne pas tomber aux mains des politiciens et des faiseurs; et dans cette sphère supérieure, elle entre en contact avec la culture morale sans se confondre avec celle-ci.

CHAPITRE IX.

La culture morale.

La culture intellectuelle seule ne suffit pas. La culture morale est indispensable. C'est de la renaissance interne que doit sortir le progrès. Toute notre culture morale a été utilitaire. Résultat de la morale utilitaire et individualiste au XIX⁰ siècle. La morale sociale contemporaine doit être organique. Elle doit développer dans l'homme les penchants désintéressés. Le groupement des intérêts est favorable à l'expansion de l'esprit social. Conclusion.

La haute culture intellectuelle devient de plus en plus nécessaire. Elle n'est pas capable de répondre seule aux besoins du temps présent. A ceux qui disaient : « Toujours plus de lumière », les socialistes ont répondu : « Surtout plus de pain ». La conciliation eût été possible si un surcroît de lumière avait apporté un surcroît de pain. Or, au contraire, les collèges et les universités du monde entier vomissent annuellement et sans s'arrêter jamais des légions de prolétaires de l'intelligence qui, loin de réduire l'armée des prolétaires du travail, en élargissent les cadres. Et au lieu de faciliter l'accession de tous aux bienfaits de la civilisation, la science, prodiguée à des cerveaux épris d'égalité, s'est bornée à rendre plus sensible l'inégalité dans les moyens d'arriver au but et a creusé davantage l'abîme entre les privilégiés et les masses.

A un autre point de vue encore, n'est-ce pas précisément ce siècle de l'intelligence et de la science qui a été le siècle de l'individualisme égoïste? Le fait n'a rien de surprenant. Un intellectuel peut être un insensible. Qu'on lise les biographies intimes de génies tels que Gœthe, Napoléon, Comte ou Victor Hugo, et l'on constate que l'égoïsme est le fond de leur nature. Il est vrai qu'en vivant pour eux-mêmes, ils vivaient pour l'humanité. Il n'en est pas moins incontestable que dans la conduite de la vie, ils ont tout sacrifié à l'intérêt de leur personnalité géniale.

Ce qui est exact des hommes l'est aussi d'une époque. Le domaine de la connaissance et le domaine du sentiment sont distincts : la culture intellectuelle inspire l'ambition plus que la bonté; l'idée du pouvoir plus que celle du devoir. Bacon disait, il y a longtemps : « Knowledge is Power. » Oui, le savoir humain augmente le pouvoir humain; à lui seul, il pousse l'homme à se dégager de plus en plus des liens de la solidarité; à se rendre de plus en plus indépendant des circonstances extérieures; à assouvir de plus en plus sa soif de domination. C'est au cœur à corriger les excès de l'intelligence. C'est à la culture morale à tempérer les rêves de grandeur démesurée que fait un esprit libre planant sur les hauteurs où l'a porté une culture intellectuelle exclusive. Voilà comment il se fait que l'histoire ayant connu des crises analogues à la nôtre, n'en a pas connu de plus aiguë.

Notre civilisation inquiète, éperdue, a le frisson de l'inconnu. Elle rappelle l'anxiété et l'incohérence de

la civilisation romaine aux approches du christianisme, quand les petits et les humbles, dans la simplicité naïve de leur âme d'enfant, attendaient un idéal
nouveau et que les grands de la terre n'avaient ni la
force. ni la foi nécessaires pour défendre l'idéal
ancien. L'incertitude et le découragement règnent
partout : d'en bas partent les appels à la destruction,
sans que l'on précise par quoi il faut remplacer les
institutions existantes; d'en haut partent les appels à
la résistance sans que l'on soit convaincu d'avoir le
droit de tout maintenir. Et l'on perd sa foi dans des
choses que l'on croyait douées d'une éternelle
jeunesse et dont on avait appris à ne pas douter, telles
que la presse, les parlements ou les écoles.

A quoi attribuer tout cela, sinon au dédain de la
force morale? L'ordre social n'est jamais foncièrement
mauvais, puisqu'il est le produit des efforts spontanés
et continus de l'humanité, mais il peut se dessécher et
s'atrophier faute d'esprit social.

J'ai parlé des mérites du corporatisme, des vices
de l'individualisme. Il n'y a cependant aucune vertu
magique dans le mot corporation, pas plus qu'il n'y a
de puissance démoniaque dans le mot individu ou
État. Mais il y a une vertu magique dans la force
morale de l'homme.

Le principe d'individuation est fécond en lui-
même; ce n'est pas lui qui a fait le malheur du
xix° siècle, c'est la faiblesse de la morale individualiste, lançant les hommes à la poursuite de l'intérêt
personnel et détruisant ainsi l'harmonie des classes.

Ce n'est pas le corporatisme seul qui a fait le

bonheur du moyen âge, c'est l'accomplissement des devoirs réciproques, la pratique de l'assistance et de la fraternité au sein de la corporation; le jour où celle-ci est devenue égoïste, exclusive et tyrannique, elle a perdu son action bienfaisante. Et de même, comment le socialisme, s'il ne met pas au-dessus de tout la force morale de l'homme, serait-il mieux à même de faire le bonheur de la société future? Or, à partir du manifeste de Engels et de Marx, de 1847, ne participe-t-il pas manifestement aux erreurs de la doctrine morale du xixᵉ siècle? Ne s'est-il pas borné à déplacer l'axe de cette doctrine? Alors qu'il avait une devise indiscutable : « la solidarité sociale », on voit, en 1847, apparaître un parti dont l'objectif, au contraire, est simplement la substitution d'une classe à une autre. Qu'on relise le manifeste. Il ne s'agit plus de faire régner le droit pour tous; de combattre les privilèges; de multiplier les propriétaires et les capitalistes; de venir au secours des inférieurs et de les relever. Il s'agit de la guerre des classes. On veut faire passer le droit, la force et le pouvoir en d'autres mains; supprimer la propriété et la rente; nationaliser le sol et les moyens de production, abaisser ceux qui possèdent.

En s'adressant ainsi aux instincts égoïstes, aux mobiles intéressés; en éveillant les appétits, en offrant des jouissances matérielles comme un idéal immédiatement réalisable, les promoteurs d'une réforme sociale à obtenir par la force n'échappent pas au reproche d'avoir voulu reproduire sous une forme différente la situation qu'ils critiquaient.

A quoi bon bouleverser la société si on ne transforme pas l'homme lui-même et si on laisse subsister dans la direction des actions humaines la politique de l'intérêt personnel? Admettons qu'une fois de plus les masses surexcitées aillent aux extrêmes, qu'une fois de plus les bons soient sacrifiés aux mauvais, les désintéressés aux ambitieux, les penseurs aux politiciens, Prospero à Caliban, et l'on verra que les ruines ont été accumulées en pure perte; la classe dirigeante aura changé; les conflits et les abus auront subsisté.

Le progrès ne résulte donc pas de la contrainte externe; il ne peut sortir que de la renaissance interne. Telle est la portée de la culture morale et c'est avec raison que le professeur Ziegler, de Strasbourg, a pu écrire un livre intitulé : *La question sociale est une question morale* (¹).

Il est inutile de refaire après tant d'autres le tableau de la décadence moderne : le monde, vu, un jour de courses à Epsom, Deauville ou Boitsfort, ou devant le tapis vert à Monte-Carlo, est bien laid ! celui que l'on voit un jour de meeting, à Belleville, n'est pas plus beau. Les oisifs qui, poussés par une curiosité malsaine, transforment une audience de cour d'assises en salle de spectacle ; la foule brutale poursuivant de ses hurlements la voiture cellulaire qui entraîne le condamné à mort, donnent une preuve égale de leur manque de sens moral.

Les jouisseurs et les désœuvrés dont le châtiment est de passer dans la vie sans rien y comprendre, sont

(¹) Th. ZIEGLER. Paris, Alcan, 1893. Traduction de G. Palante.

une arme aux mains des révolutionnaires. La foule sauvage, haineuse et cruelle est une arme aux mains des réactionnaires. Mais le problème doit être pris dans son ensemble et les causes de ce mal profond remontent très haut.

Notre culture morale à tous, bourgeois, ouvriers, économistes et savants, a été égoïste et utilitaire. On nous a enseigné et nous avons-admis, que le but de l'homme sur la terre, c'est le bonheur individuel. Chacun de nous, nous a-t-on répété, a en lui la notion de son intérêt et le désir d'améliorer sa position. Qu'on laisse les individus agir conformément à leurs instincts, et l'on obtiendra le maximum possible de bonheur social. Chacun pour soi, les lois naturelles feront le reste.

Cette doctrine, dont le xixe siècle est imprégné, est la vieille doctrine d'Épicure qui, tout en dépassant la conception vulgaire de la jouissance matérielle, en s'élevant à la notion de l'intérêt bien entendu, en partant des plaisirs du ventre pour monter jusqu'à la sérénité de l'esprit, n'en place pas moins la source du bien général dans le plaisir individuel et n'en aboutit pas moins à l'antagonisme des forces et des intérêts.

L'épicurisme, repris par Hobbes au xviie siècle, s'est redressé au xviiie dans la plénitude de son développement. Bentham et Adam Smith en Angleterre, les encyclopédistes en France lui ont donné, sous un nom nouveau, une vigueur nouvelle et lui ont permis d'exercer sur l'organisation économique contemporaine une action prolongée. Pour eux, comme trois siècles avant Jésus-Christ dans le jardin d'Épicure, l'homme est un mécanisme construit par la sensation et mis en mouvement par l'intérêt [1]; il reçoit avant tout des impressions physiques et l'intelligence, développement de la sensation primitive, recherchant comme but immédiat la conservation de l'individu, est nécessairement égoïste et ne tend qu'au bonheur. L'individu se croyant le centre et la raison de l'univers, et ramenant tout à la joie ou à la douleur, les mobiles les plus puissants pour lui sont le plaisir ou la peine. La vie sociale fondée sur la poursuite du bonheur individuel se réduit à rechercher le bien-être et à éviter la souffrance. Cette morale a donc pour caractéristique de ne pas dépasser l'horizon de l'individu et de la sensation, et d'attribuer à l'individu et à la sensation individuelle une valeur absolue.

Assurément, de nobles tentatives ont été faites pour épurer et corriger la philosophie de l'intérêt : l'utilitarisme de Stuart Mill entrevoit l'identification des intérêts; la fusion du plaisir personnel et du plaisir d'autrui; l'homme arrivant par l'association des idées et l'éducation à considérer le bien d'autrui comme le sien propre, à trouver le bonheur dans le désintéressement.

Mais Guyau et Fouillée l'ont montré : l'optimisme de Stuart Mill est une illusion. Il y a des cas où l'identification des intérêts est impossible, où l'on doit reconnaître leur impénétrabilité; où, entre mon plaisir et le plaisir d'autrui, le conflit est irréductible et où je dois choisir : l'accroissement trop rapide de la popu-

[1] GUYAU, *La morale d'Épicure*, livre cité.

lation multipliant les difficultés de la lutte pour l'exis-tence ; l'opposition entre le travail et le capital pour l'augmentation du salaire et la réglementation du travail, voilà des exemples de cet antagonisme d'inté-rêts que l'on ne résout pas simplement en proclamant leur identité finale et à l'égard desquels, vis-à-vis des êtres rebelles à la sympathie, l'utilitarisme le plus idéalisé n'offre pas de solution. Votre bien ne devient le mien que quand j'aime votre bien, et je ne parviens à aimer votre bien que quand j'y suis poussé par un idéal supérieur à mon intérêt personnel, par un prin-cipe de dévouement à la chose commune, antithèse de l'utilitarisme.

D'ailleurs, si l'on épure l'utilitarisme, au point de le ramener au désintéressement, à quoi bon ce long détour et pourquoi ne pas faire un appel direct aux tendances désintéressées de l'homme ?

On aura beau dire, la philosophie utilitaire du sou-verain bien, en appréciant l'acte dans la mesure où il augmente ou diminue le bonheur de la personne dont l'intérêt est en jeu, porte en elle un vice essentiel :

Ayez de ce bonheur la conception la plus élevée possible, et encore la théorie est dangereuse parce que le point de départ est faux.

Les règles de morale n'existent pas seulement pour une élite, mais pour les esprits moyens qui forment la grande majorité. Or, la majorité n'aura jamais qu'une conception toute relative du bonheur ; elle n'admettra jamais l'idée du sacrifice comme bonne en soi ; elle ne verra jamais dans l'intérêt et le plaisir que son intérêt et son plaisir immédiats ; elle sera toujours tentée de dire avec Candide : « Cultivons notre jardin. » Chacun ne peut avoir de l'intérêt et du bonheur qu'une vue adaptée à sa culture. Quand on accepte l'utilitarisme, on ne peut reprocher aux esprits vulgaires de rechercher l'intérêt personnel le plus vulgaire ; on ne peut en vouloir à une partie de l'humanité de ramper sur le ventre. S'il y a des êtres pour lesquels la jouissance matérielle est le bonheur suprême, de quel droit la leur dénier? et à quoi sert de leur dire : « Vous comprenez mal la théorie de l'intérêt bien entendu » ?

Le mobile de l'intérêt personnel conduira à la pratique du bien un philosophe pénétré de l'idée de justice. Mais il conduira l'ouvrier, entraîné dans la lutte pour l'existence, à aspirer au règne exclusif du travail manuel; le bourgeois à concentrer ses visées sur l'accumulation illimitée du capital; le politicien à ne rechercher que la satisfaction de ses intérêts de clocher.

Quand l'intelligence indique à l'homme comme objectif fondamental la satisfaction du désir, le monde entier tend à la jouissance.

Les puissants ont alors le droit de profiter de leur bonheur d'un cœur d'autant plus tranquille que ce bonheur aboutit à l'harmonie universelle. Et les déshérités ont d'autant plus de raison pour haïr et se révolter, que la jouissance étant le but suprême de la vie, ils sont seuls dans l'univers à en être privés.

Et si, au rêve de Stuart Mill, l'éducation transformant l'égoïsme en altruisme, on compare la réalité : l'indifférence de l'école à l'égard de la culture morale de l'enfant, l'action néfaste de la presse sur la culture morale de l'adulte, l'influence désastreuse de l'agiotage, de la spéculation, du jeu sur le sens moral des masses, l'on comprendra que pour un sage qui se hausse à l'idée de justice, des milliers d'hommes en restent à l'instinct du sauvage et ne reconnaissent comme règle de conduite que le moteur de l'intérêt personnel. Ainsi tous les mécanismes humains, tendus en vertu de la même impulsion initiale vers la même jouissance finale, donnent le spectacle d'une mêlée d'appétits où les forces entrechoquées appellent la discipline d'un maître.

Historiquement, l'utilitarisme s'explique comme réaction contre l'absolutisme; il a au xviii° siècle voulu affranchir le citoyen en proclamant le règne des lois naturelles.

Mais, en fait, en déchaînant les ambitions individuelles, en les surexcitant les unes contre les autres, il a rendu inévitables l'intervention de l'État et l'appel à la force pour redresser les abus de la liberté.

Ce n'est pas tout encore. La doctrine utilitaire conduit également au pessimisme.

Le plaisir, Guyau l'a dit, ne suffit pas à donner un sens à la vie. Comme le désir n'est jamais assouvi, comme à peine satisfait il renaît et se renouvelle sans cesse sous la forme d'autres désirs, il n'aboutit jamais à la plénitude du bonheur. Avec le bonheur comme fin exclusive, la vie n'est qu'une amère dérision, et le contraste permanent entre ce qu'on espère et ce qu'on obtient, une monstruosité.

Ce serait la justification absolue des malédictions

d'Érasme dans *L'éloge de la folie* et de la désespérance de Schopenhauer et d'Hartmann. Oui, nous serions les dupes d'une nature ironique et cruelle, et, sur cette terre semblable à l'Écosse de Macbeth, « l'on « ne verrait plus sourire personne, sauf les enfants…, « l'existence serait un conte plein de fracas et de furie, « privé de toute signification. »

Mais pourquoi donc cette petite flamme de vie qui scintille un instant et s'éteint dans le mystère aurait-elle pour attribut la joie? Toute vie intense ne semble-t-elle pas, au contraire, avoir sa part de tristesse? Le tigre qui dévore sa proie, le viveur qui gagne au jeu, éprouvent peut-être un plaisir sans mélange. Le savant aspirant au vrai, l'artiste aspirant à la beauté, le penseur, atome perdu dans l'insondable infini, songeant au pourquoi de l'univers, éprouvent une joie fécondée par la souffrance. Et plus la joie est noble, plus elle s'élève au-dessus de la satisfaction vulgaire, du désir égoïste, plus elle paraît contenir en elle un élément de mélancolie.

Bien plus encore, le progrès lui-même est accompagné de souffrances et amène avec lui des douleurs que les stades inférieurs de l'humanité ne connaissent pas. Le suicide est un produit de la civilisation; il s'accroît avec elle; il sévit dans les villes et non dans les campagnes; chez les peuples avancés et non chez les sauvages.

S'ensuit-il qu'il faille nier l'art, la science, le génie, le progrès? Nullement. Il faut seulement nier la base de la morale utilitaire. « Peu importe, écrivait Feuerbach, qu'une sonate soit courte ou longue si elle est belle. » Pour apprécier une vie, il ne s'agit pas de savoir si elle est triste ou gaie, mais si elle est utile ou malfaisante.

Enfin, l'étude du problème de notre culture morale met en relief un défaut essentiel de méthode touchant à l'ensemble des tendances contemporaines : avec leur foi inébranlable dans la liberté et dans la bonté native de l'homme, les utilitaires et les individualistes ont cru que la liberté devait naturellement conduire à l'identification spontanée des intérêts et à la moralité ; or, au contraire, la moralité seule rend digne de la liberté, la culture morale seule rend possible le règne de la liberté. Si tous les hommes étaient moralement parfaits, n'est-il pas évident que tous les systèmes sociaux se vaudraient et que l'on se passerait de lois et de contrainte ? Preuve évidente que l'accroissement de moralité est la condition nécessaire de l'accroissement de liberté.

Les Anglais et les Suisses sont vraiment libres, à cause de leur haut degré de moralité sociale.

Les races latines semblent en ce moment supporter la liberté avec plus de peine, parce que leur culture morale affaiblie les rend moins capables de s'en servir.

La culture individualiste soumet le monde aux caprices de l'égoïsme; elle donne, comme prix de la lutte, l'espoir de la jouissance et flatte les penchants intéressés. Elle doit céder la place à la culture morale que l'on peut appeler organique, parce qu'elle enseigne à l'homme sa dépendance vis-à-vis de l'ensemble organique dont il fait partie, et la nécessité du sacrifice à la communauté. Elle éveille les penchants désintéressés qui dorment en lui et lui inspire la notion du devoir.

Il est faux, d'ailleurs, de croire que l'instinct de l'homme le pousse uniquement à la réalisation de son bonheur personnel. L'altruisme est un penchant aussi ancien que l'égoïsme. Assurément, aux époques primitives, la tendance prédominante est l'obéissance à l'impulsion du moment, le sacrifice de l'avenir au bien-être immédiat. Mais, même alors, la conservation de l'espèce exige déjà un certain degré d'altruisme; pour sortir de l'état de nature dont j'ai parlé, pour assurer l'existence régulière des familles, il a fallu pratiquer la solidarité, veiller sur autrui et vivre pour autrui; pour que les premières tribus aient pu se défendre et se développer, elles ont dû compter sur le dévouement de leurs membres à l'intérêt commun.

Le principe du désintéressement est en nous; la société n'a pu commencer sans un peu de désintéressement. A mesure qu'elle a grandi, elle a dû davantage recourir à l'esprit de sacrifice.

Les occasions où il a été nécessaire de faire reculer l'intérêt personnel devant l'intérêt général se sont multipliées, et la civilisation, dont le début ne saurait être expliqué sans une part d'altruisme, ne peut progresser sans un progrès corrélatif de l'altruisme. Les buts à atteindre devenant toujours plus nombreux et plus complexes, les sacrifices à faire à ces buts doivent augmenter en proportion.

Dans un clan primitif, la liberté de chacun est grande, la dose de dévouement qu'on exige de lui, minime, et les obligations morales ne pèsent guère. Pour le développement régulier d'une société comme la nôtre, au contraire, il faut de la part des individus, des groupes et des classes, une subordination constante à l'intérêt supérieur de l'ensemble, et quand cette subordination n'est pas volontaire, l'intervention de l'autorité s'impose.

La multiplication des besoins entraîne donc la multiplication des liens et des devoirs sociaux, et à mesure qu'une société progresse, la croissance de l'altruisme devient une condition plus rigoureuse du bien public.

Voilà pourquoi la question sociale est une question morale et pourquoi il n'est pas indifférent de prendre comme point de départ des actions humaines le moteur de l'intérêt personnel ou celui du désintéressement. Ce principe n'implique ni l'ascétisme, ni la résignation passive, ni la recherche de la douleur, ni la condamnation du plaisir. Il signifie simplement qu'il ne suffit pas d'être heureux, de faire ce qui est permis et de ne pas nuire à autrui. Il faut aussi être bon, faire ce que l'on doit et venir en aide à autrui. C'est, en un mot, la substitution de l'idée du devoir à l'idée du pouvoir.

Si la théorie des idées-forces de Fouillée est vraie, pourquoi l'idée de désintéressement ne rendrait-elle pas désintéressé de la même manière que l'idée de liberté rend plus libre et l'idée de justice plus juste?

En outre, l'action des lois de l'imitation, si bien mise en relief par Tarde, ne contribuera-t-elle pas de son côté à répandre de plus en plus la pratique de l'altruisme?

On a enseigné à l'homme la philosophie de l'intérêt.
Il y a cru. Et de même que, d'après Montesquieu,
l'introduction à Rome de la morale d'Épicure a été
pour beaucoup dans la chute de la liberté romaine, de
même la morale utilitaire a été dans notre siècle une
des causes de l'éclipse de la liberté. Que l'on enseigne
donc à l'homme la philosophie du désintéressement et
du devoir, et il y croira d'autant plus qu'elle répond à
des sentiments qu'il suffit de faire jaillir des profon-
deurs de son être.

Ces idées figurent parmi les plus hautes auxquelles
il soit donné à l'humanité d'aspirer, et elles nous
sont fournies à la fois par les religions et par les
sciences.

Elles nous sont fournies par les religions. De
Laveleye l'a mis en lumière dans son débat avec
Spencer ([1]). Le christianisme, le bouddhisme ([2]) les ont
répandues dans le monde. Ils ont propagé la conception
d'une loi d'amour établie en vue de l'œuvre éternelle
de l'univers; en face de la morale individualiste du
plaisir et de l'intérêt, ils ont affirmé la morale sociale
du bien accompli pour l'utilité commune, du sacrifice
fait à un idéal supérieur de justice. Ils ont poursuivi la
transformation de la société dans le sens de la fraternité et de l'altruisme.

Mais la science, dans le sens élevé du mot, ramène
aussi à ces vérités éternelles. Et Brunnetière ([3]) ne
saurait à ce point de vue justifier l'antagonisme qu'il

([1]) DE LAVELEYE, *L'individu contre l'État*, livre cité.
([2]) ROSNY (LÉON DE), *La morale du bouddhisme*. Paris, 1890.
([3]) *Revue des Deux Mondes*, 1er janvier 1895.

établit entre la science et la religion. D'abord en accumulant les faits, en reculant la cause première sans jamais pénétrer plus avant dans le secret des origines, en découvrant mieux le comment des choses sans jamais découvrir le pourquoi; en plongeant en vain dans le mystère des infiniment petits et de l'infiniment grand, la science a donné à l'homme un sentiment plus profond de l'Inconnaissable. Ensuite, en analysant la nature sous toutes ses faces, elle a fait pénétrer dans les esprits l'idée de l'organique : elle a montré l'univers soumis au principe de la continuité; dans l'univers, des individus agissant pour l'ensemble, conformément à des lois organiques; les vies individuelles entraînées dans la circulation du corps social comme les globules du sang sont entraînés avec leur vie propre au sein de la circulation générale. Elle a ainsi procuré une conception plus juste de la situation de l'homme à l'égard de l'ensemble des choses. Elle a mieux fait comprendre l'inanité des transformations violentes et soudaines, la nécessité pour toute réforme durable de sortir de ce qui est et de s'appuyer sur la réforme intérieure de l'être humain. Elle a prouvé que la vie organique, c'est la vie en commun, la vie non seulement pour soi, mais pour les autres, et elle nous conduit donc, de son côté, au principe du sacrifice et du désintéressement, opposé à l'égoïsme.

Nombreux sont ceux qui, depuis le début du siècle, ont défendu ces doctrines : on les range en Allemagne sous la bannière de Fichte et de Gœthe; en France, sous celle de Comte; en Angleterre, sous celle d'Owen, de Carlyle et de Pusey ; tous nous font pénétrer dans une sphère où la diversité des croyances se résout en une harmonie supérieure et où les convictions opposées se rejoignent pour proclamer l'amour désintéressé de l'humanité, le devoir de contribuer sans préoccupation personnelle à l'œuvre du monde.

Et ainsi, après la phase de désintégration et de dissolution produite par les exagérations de l'individualisme contemporain, nous entrons manifestement dans une phase de synthèse et de reconstruction.

Et si nous nous demandons sous quelle forme l'humanité réalisera le mieux son idéal, comment elle assurera le mieux la prédominance du principe d'organisation sur l'idée du contrat social, de la coopération au but commun sur la concurrence pour le but personnel, nous retrouvons, à la fin comme au début de ces études, le groupement des intérêts.

Pour développer l'esprit social indispensable au progrès, l'homme doit être non pas abandonné à lui-même ou dominé par l'autorité, ce qui produirait la lutte de tous contre tous ou de l'individu contre l'État, mais associé aux compagnons qui ont avec lui des aspirations communes dans des groupes devenus des écoles de morale, puisqu'ils reposent sur la réciprocité des droits et des devoirs.

Sur le terrain moral, les groupements organiques d'intérêts fournissent la conciliation des doctrines et font à l'individu, à l'intérêt individuel et au bonheur individuel, la part légitime qui leur revient.

Ils font la part de l'intérêt : car chacun se développant dans son milieu avec des associés dont les intérêts sont semblables, ces intérêts sont identifiés dans la mesure du possible.

Ils font la part du bonheur : car si le bonheur des utilitaires, le bonheur externe, égal pour tous, conduit au socialisme communiste et est irréalisable, il y a un bonheur relatif réalisable, le bonheur interne, résultant de l'adaptation de l'individu à son milieu. Et ce bonheur n'exige ni l'identité ni l'égalité des milieux; chacun peut être heureux dans son groupe, alors même que d'autres groupes sont différents du sien ou même supérieurs au sien.

La Révolution a commis une erreur quand, pour assurer les droits de tous, elle a cru suffisant de proclamer l'égale liberté de chacun. Elle a oublié de dire aux citoyens que leur développement individuel est soumis à des lois organiques dont l'action est lente et régulière. En leur laissant croire qu'ils peuvent arriver tous ensemble, d'un seul élan, et par l'effort personnel à cette puissance que les classes supérieures ont acquise après des siècles d'efforts collectifs, elle a inspiré des ambitions plus grandes à des hommes moins capables de les satisfaire.

La Révolution a commis une autre erreur quand elle a cru suffisant de proclamer les droits de l'homme sans également proclamer ses devoirs (¹).

(¹) A l'Assemblée constituante, le janséniste Camus et l'abbé Grégoire avaient demandé que l'on ajoutât à la déclaration des droits, une déclaration des devoirs de l'homme. Leur proposition fut repoussée. Mirabeau n'y voyait qu'une argutie peu digne d'une assemblée politique.

Chacun de nous, à quelque condition qu'il appartienne, a des devoirs à accomplir :

Ceux qui possèdent n'ont pas uniquement le droit de jouir de leurs richesses ; ils ont le devoir de remplir les charges inhérentes à la fortune, et d'appeler de plus en plus à la jouissance ceux qui ne possèdent pas. Ces derniers n'ont pas seulement le droit d'aspirer à l'égalité, ils ont également des devoirs à remplir et ne peuvent progresser s'ils les méconnaissent.

Quand chacun fait son devoir, l'émancipation des hommes est progressive et continue, et l'on se rapproche alors d'un État social moins imparfait. Je veux parler non d'un État fondé sur l'égoïsme et la haine ; non d'un État fondé sur la contrainte et nous courbant tous sous le même despotisme ; non d'un État où, sous prétexte d'égalité, les meilleurs seraient abaissés au niveau des moins capables ; mais d'un État où les inférieurs s'élèveraient graduellement au niveau des supérieurs par la pratique de la solidarité et de la justice.

Spencer, Renan, de Laveleye, J. Lebon sont d'accord pour prévoir le triomphe d'un socialisme niveleur et tyrannique qui engloutirait la civilisation. L'avenir nous est inconnu. Mais on peut affirmer que si la civilisation doit échapper à la tourmente ou renaître après la catastrophe prédite, elle n'y réussira qu'en faisant appel aux deux forces sans lesquelles aucune société n'est durable, le principe d'organisation sociale et l'idée du devoir social.

Bruxelles, 1ᵉʳ mars 1895.

17

Original en couleur

NF Z 43-120-8

www.ingramcontent.com/pod-product-compliance
Lightning Source LLC
Chambersburg PA
CBHW070801270326
41927CB00010B/2243